Wissen – leicht gemacht
WELTGESCHICHTE

Autoren: Anita Ganeri, Hazel Mary Martell und Brian Williams

Illustratoren: Martin Camm, Richard Hook, Rob Jakeway, John James,
Shane Marsh, Roger Payne, Mark Peppé, Eric Rowe, Peter Sarson,
Roger Smith, Ross Watton, Michael Welply und Michael White

Beratung: Brian Williams und Brenda Williams

Entwurf: Starry Dog Books

Parragon Books Ltd
Queen Street House
4 Queen Street
Bath BA1 1HE, UK

Übersetzung aus dem Englischen: Hera Dodt, München; Inga-Brita Thiele, Köln
Koordination: trans texas GmbH, Köln

ISBN 10: 1-40546-671-5
ISBN 13: 978-1-40546-671-4

Printed in Malaysia

Wissen – leicht gemacht
WELTGESCHICHTE

Inhalt

WAS IST GESCHICHTE? 6

DAS ALTERTUM 8
Von prähistorischer Zeit bis 500 n. Chr.

DAS MITTELALTER 38
Könige und Kriege
500–1400

DAS ZEITALTER DER ENTDECKUNGEN 60
Entdecker und Imperien
1400–1700

DIE EPOCHE DER UMWÄLZUNGEN 82

Revolutionen und Imperialismus
1700–1900

DIE MODERNE WELT 110

In ein neues Jahrtausend
1900–2006

REGISTER 140

Vergangenes erforschen

WAS IST GESCHICHTE? Im weitesten Sinn erzählt sie die Geschichte der Menschheit, also unser aller Vergangenheit. Einige Historiker konzentrieren sich dabei auf wichtige Ereignisse wie Kriege und Revolutionen, andere interessieren sich mehr für das Alltagsleben der einfachen Leute. Der amerikanische Autopionier Henry Ford meinte einmal: „Geschichte – das ist Unfug!", doch wird unser Leben oft von Entscheidungen und Ereignissen beeinflusst, die Jahrzehnte, Jahrhunderte oder vielleicht Jahrtausende zurückliegen. Und erst wenn man die Vergangenheit versteht, kann man auch zu einer ausgewogenen Sicht der Gegenwart kommen.

Tontafel mit Keilschrift. Die Keilschrift gilt als erstes Schriftsystem der Welt – die frühesten Schrifttafeln entstanden vor mehr als 5000 Jahren. Schriftliche Berichte wie diese bilden das Rohmaterial der Geschichtsschreibung; davor gab man Geschichte mündlich weiter.

Alabasterkanopen (eine Kanope ist eine Form der Urne) aus einem altägyptischen Grab. Aus den jeweiligen religiösen Vorstellungen erfahren wir viel über frühere Kulturen. Die Ägypter glaubten an ein Leben nach dem Tod und gaben darum ihren Toten Dinge mit ins Grab, die für das künftige Leben nützlich erschienen.

DIE AUFGABE der Geschichtsschreibung besteht vor allem darin, unsere Vergangenheit zu rekonstruieren und zu erklären. Die Historiker untersuchen dazu schriftliche und mündliche Dokumente aller Art, während die Archäologen Gebäude und Gegenstände erforschen, die die Menschen hinterlassen haben. Gemeinsam versuchen beide, aus den gesammelten Fakten ein Bild der Vergangenheit zusammenzusetzen.

Schon im 5. Jahrhundert v. Chr. bemühte sich der griechische Historiker Herodot (der „Vater der Geschichtsschreibung") um eine systematische Darstellung der Kriege zwischen Griechen und Persern. Er wollte damit sowohl die Erinnerung an die Vergangenheit wach halten, als auch zeigen, wie Kriege entstehen.

Über das Leben der Ritter im Mittelalter geben auch die Bauwerke dieser Zeit Aufschluss, wie diese Kreuzritterburg in Syrien.

Die Entdeckungsreisenden des 15. Jahrhunderts benutzten Navigationsinstrumente wie dieses. Im Verlauf der Geschichte haben Erfindungen die Welt stark verändert und unser Wissen immens vergrößert.

Die Archäologie entwickelte sich seit dem 18. Jahrhundert zu einer seriösen Wissenschaft. Heute können Archäologen selbst die winzigsten Spuren der Vergangenheit nutzen, um ein komplexes Bild der damaligen Zeit zu gewinnen.

Das gesammelte Material angemessen zu interpretieren ist vielleicht die anspruchsvollste Aufgabe von Historikern und Archäologen. Sie müssen sich dabei immer darum bemühen, den Fakten möglichst unvoreingenommen zu begegnen. Denn natürlich sind auch sie durch ihre Biografie sowie die Gesellschaft und Zeit, in der sie leben, geprägt. Moderne Geschichtswissenschaftler versuchen darum, bei der Interpretation der Vergangenheit heutige Werte und Vorstellungen weitgehend auszublenden.

Geschichte beschäftigt sich aber nicht nur mit weit zurückliegendem Geschehen, sondern auch mit unserer Gegenwart – die Ereignisse von heute sind morgen schon Geschichte. Und ein historischer Wandel vollzieht sich nicht selten plötzlich und dramatisch.

Historische Bilder informieren uns über Wohnverhältnisse, Kleidung, Essen und Berufe der damaligen Menschen. Dieses Gemälde gab der Herzog von Berry (1340–1416) in Auftrag.

Diese geschnitzte Elfenbeinmaske trug der Oba (König) von Benin. In Kunstwerken wie diesem kommen der Reichtum und die Kultur des vom 14. bis zum 17. Jahrhundert bestehenden afrikanischen Reichs gut zum Ausdruck.

Das Altertum

VON PRÄHISTORISCHER ZEIT BIS 500 N. CHR.

IN DEM gewaltigen Zeitraum von 2,5 Millionen Jahren v. Chr. bis 500 n. Chr. entwickelten sich erste menschliche Wesen, und die ersten Zivilisationen entstanden. Unsere ältesten Vorfahren tauchten vor etwa 2,5 Millionen Jahren in Afrika auf. Sie stammten von Menschenaffen ab, die von den Bäumen gestiegen waren und den aufrechten Gang auf zwei Beinen gelernt hatten.

IM VERLAUF DER JAHRTAUSENDE lernten die Menschen, wie man Feuer macht, an dem man sich wärmen und sein Essen kochen kann, wie man jagt und wie man Werkzeuge herstellt. Die ersten Werkzeuge und Waffen aus Metall wurden im Nahen Osten vor etwa 7000 Jahren angefertigt.

Überall auf der Erde lebten die frühen Menschen von der Jagd auf Tiere und dem Sammeln wilder Früchte, Wurzeln und Nüsse. Vor etwa 10 000 Jahren kam es zu einer einschneidenden Veränderung: Die Menschen lernten, Getreide auf bearbeiteten Feldern anzubauen und Tiere zu

ca. 2,5–2 Millionen Jahre v. Chr.	**ca. 40 000 v. Chr.**	**ca. 10 000 v. Chr.**	**ca. 8000 v. Chr.**	**ca. 3000–2500 v. Chr.**	**ca. 2500 v. Chr.**	**ca. 2500 v. Chr.**	**ca. 1850 v. Chr.**
Auftauchen des *Homo habilis* in Afrika. Er fertigt als erster Mensch Werkzeuge an.	Unser direkter Vorfahre, der *Homo sapiens sapiens*, erscheint in vielen Teilen der Welt.	Ende der letzten Eiszeit.	Entwicklung der Landwirtschaft und erste Städte im Nahen Osten.	Die Sumerer in Mesopotamien erfinden die Schrift und das Rad.	Bau der Cheopspyramide in Giseh.	Blütezeit der altindischen Industal-Kultur.	Abraham führt sein Volk von Ur nach Kanaan.

züchten. Zum ersten Mal in ihrer Geschichte errichteten die Menschen dauerhafte Häuser, später dann Dörfer und Städte.

Um 5000 v. Chr. entstanden in den Uferregionen großer Flüsse mit ihren hochwertigen Ackerböden die ersten Hochkulturen. Sumerer, Assyrer und Babylonier errichteten prächtige Städte und Tempel im fruchtbaren Zweistromland zwischen Euphrat und Tigris. Am Nil erblühte das alte Ägypten. Bis 500 v. Chr. entwickelten sich auch in Indien, China, Persien sowie in Nord- und Südamerika bedeutende Zivilisationen.

Das von Griechenland und Rom geprägte Zeitalter bezeichnet man als Antike. Beide Zivilisationen haben unsere moderne Welt entscheidend geprägt. Den Griechen verdanken wir wichtige Erkenntnisse aus den Bereichen Politik, Philosophie und Wissenschaft. Durch seine Eroberungspolitik trug Alexander der Große dieses Wissen in die damalige Welt, ebenso die Römer, die Kultur und Wissen der Griechen sehr bewunderten.

Die Römer steuerten aber auch eigene Errungenschaften bei. Im ersten nachchristlichen Jahrhundert beherrschten sie das mächtigste Reich überhaupt. Nach seinem Niedergang um 500 n. Chr. begann das Mittelalter.

ca. 1600–1100 v. Chr. Die minoische Kultur in Mykene dominiert in Griechenland.	**753 v. Chr.** Der Sage nach Gründungsjahr der Stadt Rom.	**605–562 v. Chr.** Regentschaft König Nebukadnezars II. Er baute Babylon wieder auf.	**269–232 v. Chr.** Aschoka Maurya regiert in Indien.	**221 v. Chr.** Shi Huang-ti einigt China und wird erster chinesischer Kaiser.	**27 v. Chr. – 14 n. Chr.** Augustus herrscht als erster römischer Kaiser.	**286 n. Chr.** Das römische Reich zerfällt in einen westlichen und einen östlichen Teil.	**476 n. Chr.** Der letzte weströmische Kaiser wird abgesetzt.

Die ersten Menschen

SEIT ETWA 300 Millionen Jahren gibt es Leben auf der Erde, doch erst vor 7 Millionen Jahren tauchten die ersten menschenähnlichen Geschöpfe auf. Wie andere Primaten lebten die „Menschenaffen“ zunächst auf Bäumen, doch später stiegen sie herab, gingen auf zwei Beinen und benutzten Werkzeuge.

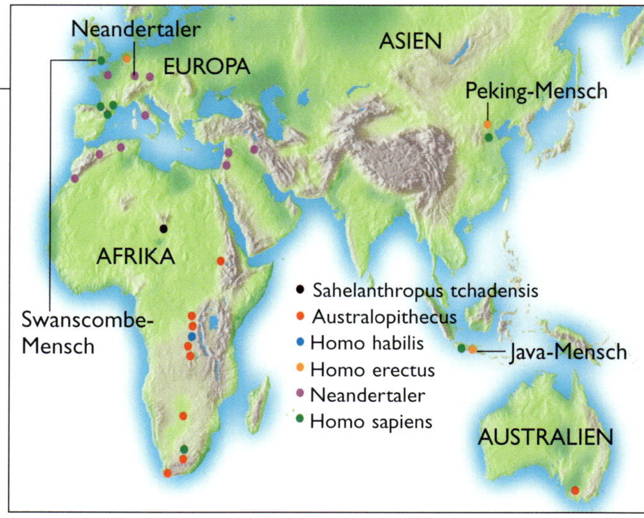

Die Karte zeigt, wo wichtige Fossilien der frühen Hominiden und Menschen gefunden wurden. Der *Homo erectus* siedelte sich als erster Kolonisator über Afrika hinaus an. Beim Homo sapiens sind sich die Wissenschaftler noch nicht einig, ob er zuerst in Afrika oder einem anderen Teil der Welt auftauchte.

DER TOUMAI-SCHÄDEL (2002 im Tschad gefunden) könnte ein wichtiger Hinweis auf den ältesten Hominiden oder eine menschenähnliche Kreatur sein. Einige Wissenschaftler glauben, er sei 7 Millionen Jahre alt. Die nächst älteren Funde stammen von *Australopithecinen*, die vor etwa 4 Millionen Jahren in Afrika lebten.

1978 entdeckte Mary Leakey in Laetoli (Kenia) die in Vulkanasche erhaltenen Fußspuren des *Australopithecus*. Sie bewiesen, dass frühe Hominiden aufrecht auf zwei Beinen gingen.

vor ca. 4 Millionen Jahren
Der *Australopithecus* (südlicher Affenartiger) taucht in Afrika auf. Er geht nicht mehr auf allen Vieren, sondern aufrecht auf zwei Beinen.

vor ca. 2,5–1,5 Millionen Jahren
Der *Homo habilis* (geschickter Mensch) erscheint in Afrika. Er benutzt als erster Mensch Werkzeuge.

vor ca. 1,5 Millionen Jahren
Der *Homo erectus* (ein aufrecht gehender Mensch) taucht in Afrika auf. Er breitet sich als erster über Afrika hinaus aus.

vor ca. 120 000 Jahren
Der Neandertaler, eine Unterart des *Homo sapiens* (vernunftbegabter Mensch) erscheint in Afrika, Asien und Europa. Er bestattet als erster Mensch seine Toten.

Ein *Australopithecus*-Skelett fand man 1974 in Äthiopien. Der „Lucy“ genannte Frühmensch wurde etwa 40 Jahre alt und starb vor rund 3 Millionen Jahren. Er war so groß wie ein Zehnjähriger heute.

FEUER

Zum Feuermachen schlugen die Menschen Feuersteine aneinander. Feuer schützte sie vor wilden Tieren, diente zum Kochen, spendete Wärme und Licht.

Mit dem *Homo habilis* (geschickter Mensch) entwickelten sich vor 2,5 Millionen Jahren die ersten Menschen. Diese hatten ein größeres Gehirn und fertigten Werkzeuge aus Holz und Stein. Eine Million Jahre später folgte der *Homo erectus* (aufrecht gehender Mensch). Er breitete sich von Afrika nach Europa und Asien aus, stellte bessere Geräte (für die Jagd) her, baute Unterstände und nutzte das Feuer.

Der moderne Mensch Homo sapiens (vernunftbegabter Mensch) stammt wahrscheinlich von diesen Hominiden ab. Zunächst existierten zwei Unterarten: die Neandertaler und die modernen Menschen. Vor etwa 30 000 Jahren starben die Neandertaler aus, der heutige Mensch, Homo sapiens sapiens, hatte alle Kontinente besiedelt.

vor ca. 40 000 Jahren Der *Homo sapiens sapiens* (moderner Mensch) ist in vielen Teilen der Welt, u. a. in Australien beheimatet.

vor ca. 30 000 Jahren Mit dem Auftauchen des modernen Menschen in Asien und Europa sterben die Neandertaler aus.

vor ca. 12 000 Jahren Moderne Menschen sind von Asien nach Amerika eingewandert.

Im Verlauf der Evolution änderte sich das Aussehen der Hominiden vom Affen zum Menschen. Zudem entwickelten sie größere Gehirne und einen gestreckten Körper mit längeren Beinen für den aufrechten Gang. So waren ihre Hände für die Benutzung von Werkzeugen und Waffen frei.

Die ersten Bauern

FAST WÄHREND ihrer gesamten Geschichte ernährten sich die Menschen von der Jagd auf wilde Tiere und dem Sammeln von Beeren, Nüssen und Wurzeln. Sie lebten als Nomaden, die den Jagdtierherden hinterher zogen. Vor 10 000 Jahren vollzog sich ein gravierender Wandel. Die Menschen lernten, Feldfrüchte anzubauen und Tiere als Nahrungslieferanten aufzuziehen.

ANSTATT AUF DER SUCHE nach Essbarem immer weiter herumziehen zu müssen, lernten die Menschen, dass sie ausreichend Nahrung auf einem kleinen Stück Land anbauen konnten. Dafür mussten sie aber sesshaft werden und dauerhafte Häuser errichten. Diese Menschen waren die ersten Bauern. Aus ihren Ansiedelungen entwickelten sich bald erste Dörfer, die zu ersten Städten heranwuchsen.

Vor rund 3000 Jahren fertigten die Menschen in Europa Tongefäße, die sie in Öfen brannten, um darin Getreide und Wasser zu lagern. Mit Steinäxten fällten sie Bäume und rodeten Land, mit Steinsicheln wurde das Getreide geerntet. Wolle wurde gesponnen und auf Webstühlen zu Stoff verarbeitet (ganz links).

ca. 10 500 v. Chr.
Die ersten Tongefäße werden in Japan hergestellt.

ca. 8000 v. Chr.
Beginn der Landwirtschaft im Gebiet des Fruchtbaren Halbmonds im Nahen Osten und in Vorderasien. Im Irak domestiziert man das Schaf.

ca. 7000 v. Chr.
Aufkommen der Landwirtschaft in Mittel- und Südamerika. Im Nahen Osten und in Afrika stellt man Tongefäße zum Lagern von Getreide und Wasser her.

ca. 6500 v. Chr.
In Çatal Hüyük (Steinzeitsiedlung in der heutigen Türkei) werden die ältesten bekannten Textilien gewebt.

FELSMALEREI IN DER WÜSTE

Auf 10000 Jahre alten Höhlenmalereien in Algerien sind Menschen bei der Jagd auf Giraffen, Flusspferde und Elefanten zu sehen. Jüngere Bilder zeigen Bauern beim Viehhüten. Ab 3000 v. Chr. wurde das Saharaklima trockener, und die Felszeichnungen stellten Wüstentiere wie etwa Kamele dar.

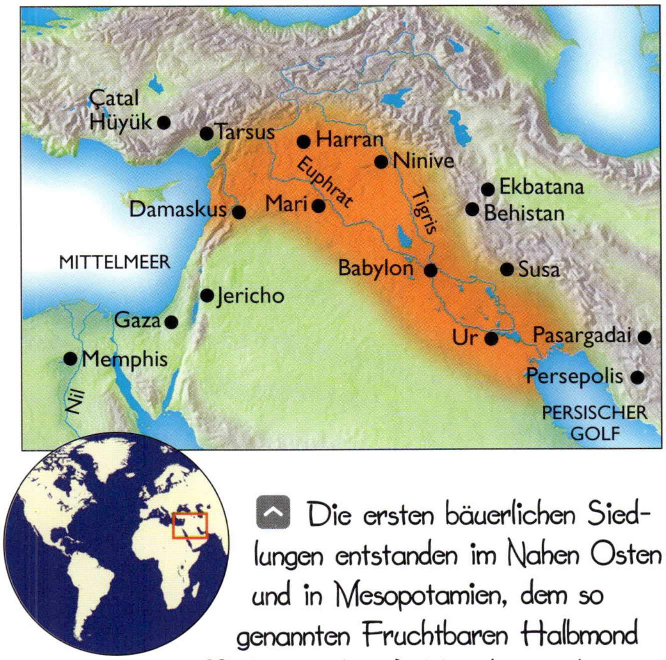

Die ersten bäuerlichen Siedlungen entstanden im Nahen Osten und in Mesopotamien, dem so genannten Fruchtbaren Halbmond (farbig markiert). Von dort verbreitete sich die Landwirtschaft nach Europa und ins westliche Asien. In Amerika und im restlichen Asien entwickelte sie sich unabhängig davon.

Pflanzen und Tiere, die vom Menschen angebaut bzw. aufgezogen werden, nennt man „domestiziert". Die ersten domestizierten Pflanzen und Tiere entwickelten sich aus wild vorkommenden Arten. Zu den ersten domestizierten Getreidesorten gehörten Weizen und Gerste, die im Nahen Osten seit Jahrtausenden wild wuchsen. Die Menschen sammelten die Samen der Wildpflanzen und säten sie in Bodenfurchen aus, die mit Hirschgeweihen umgegraben wurden. (Der Pflug wurde erst 6000 Jahre später erfunden.) Im nächsten Jahr erntete man die Körner, zerrieb sie und backte auf heißen Steinen Brot daraus. Die Bauern lernten auch, wie man wilde Schafe, Ziegen und Schweine zähmt und aufzieht. Sie mussten nicht mehr jagen, um über Fleisch zu verfügen.

ca. 6000 v. Chr.
Im Nahen Osten braut man aus Getreide Bier.

ca. 5000 v. Chr.
Die Landwirtschaft wird in China, Ägypten und Europa heimisch. Auch in Indien, in den Tälern von Indus und Ganges, beginnt der Ackerbau.

ca. 4400 v. Chr.
In Osteuropa domestiziert man das Pferd und nutzt es erstmals als Reittier.

ca. 4000 v. Chr.
Die ersten, aus angespitzten Astgabeln gefertigten Pflüge kommen im Nahen Osten zum Einsatz. Die ältesten Pflugspuren fand man in Mesopotamien.

Mesopotamien und Sumer

IN DEN fruchtbaren Ebenen zwischen den Flüssen Euphrat und Tigris im heutigen Irak entwickelten sich die ersten Hochkulturen der Welt. Das Gebiet wurde als Mesopotamien, als „Land zwischen den Strömen" bekannt. Um 5000 v. Chr. besiedelten die Sumerer den Süden Mesopotamiens.

Um 3500 v. Chr. wurde in Sumer die Schrift erfunden, um Tempelberichte und Handelsrechnungen niederlegen zu können. Diese Tontafel trägt die keilförmigen Schriftzeichen, welche die Worte symbolisieren.

König Ur-Nammu ließ um 2100 v. Chr. einen großen Stufentempel, eine Zikkurat, in der Stadt Ur erbauen.

Die Sumerer fertigten großartigen Schmuck aus Gold und Silber, mit Einlagen aus Halbedelsteinen. Ihre Kunsthandwerker stellten außerdem Möbel, Weingläser und Musikinstrumente her. All diese Schätze fand man bei Ausgrabungen in den Königsgräbern von Ur.

ca. 5000 v. Chr.
Die frühen Sumerer beginnen bei Ubaid im südlichen Mesopotamien (Irak) mit der Landwirtschaft.

ca. 4000 v. Chr.
Beginn der Uruk-Periode. Die Sumerer lernen, Metall zu schmelzen. Mit Segelbooten befahren sie die Flüsse Euphrat und Tigris.

ca. 3000–2500 v. Chr.
Die Sumerer erfinden die Keilschrift und das Rad. Sie entdecken, wie man aus Kupfer und Zinn Bronze herstellt.

ca. 2900–2400 v. Chr.
Die frühe dynastische Periode: In den wichtigsten sumerischen Städten werden Könige eingesetzt.

DER FRUCHTBARE BODEN in Mesopotamien war ideal für den Ackerbau. Die Bauern lernten schnell, wie man Bewässerungskanäle baut, um das Flusswasser auf die Felder zu leiten. Mit den steigenden Ernteerträgen wuchs auch die Bevölkerung, und um 3500 v. Chr. waren aus einigen Dörfern blühende Städte geworden. Ur und Uruk entwickelten sich zu solchen Städten und später zu unabhängigen Stadtstaaten.

Vermutlich bauten die Sumerer Schilfhäuser wie diese. Noch heute bewohnen Araberstämme an den sumpfigen Ufern des Tigris (Südirak) solche Häuser.

Die Städte wurden von Ältestenräten regiert, die für Kriegszeiten einen Heerführer (Lugal) ernannten. Durch die Rivalität zwischen den Städten wurden Kriege häufiger, und die Macht der Heerführer wuchs. Ab etwa 2900 v. Chr. war der Lugal dann König auf Lebenszeit.

Im Stadtzentrum stand der Tempel der Schutzgottheit der jeweiligen Stadt. Die Sumerer glaubten, dass die Götter jeden Aspekt der Natur und des täglichen Lebens kontrollierten. Es war wichtig, sie durch tägliche Opfer bei Laune zu halten, sonst würden sie die Menschen mit Krieg, Hochwasser oder Seuchen bestrafen.

Die Sumerer waren geschickte Mathematiker. Sie hatten zwei Zahlensysteme: ein dezimales, wie wir es heute auch verwenden, und eines auf der Basis 60. Die Sumerer unterteilten als erste eine Stunde in 60 Minuten. Sie entwickelten auch einen Kalender und ein komplexes Rechtssystem, sie benutzten das Rad an Karren und als Töpferscheibe. Ihre wichtigste Erfindung bleibt aber die Schrift.

GILGAMESCH

Die berühmteste der vielen sumerischen Mythen und Legenden ist das Epos von König Gilgamesch und seiner Suche nach dem Geheimnis des ewigen Lebens. Er erfährt, dass eine am Meeresgrund wachsende Pflanze unsterblich macht, doch eine Schlange stiehlt sie ihm kurz vor der Einnahme.

ca. 2400–2100 v. Chr.
Sumer wird von den Akkadern, dann von den Gutäern erobert.

ca. 2300 v. Chr.
Die sumerische Stadt Agade beherrscht die Region.

ca. 2100 v. Chr.
Die Stadt Ur erlebt unter König Ur-Nammu ihre mächtigste Zeit.

ca. 2000 v. Chr.
Das Epos von Gilgamesch wird erstmals niedergeschrieben. Die Elamiter zerstören die Stadt Ur. Die sumerische Kultur erlischt.

Das alte Ägypten

OHNE DAS Wasser des Nil wäre das alte Ägypten eine unfruchtbare Wüste gewesen, viel zu trocken für den Ackerbau. Der Fluss lieferte den alten Ägyptern Wasser zum Trinken und zum Bewässern der Felder. Und seine Fluten lagerten bei den alljährlichen Überschwemmungen fruchtbaren Boden ab.

AN DEN UFERN des Nil pflanzten die Bauern Weizen und Gerste (für Brot und Bier), Flachs (für Leinen), Früchte und Gemüse. Sie züchteten Rinder, Schafe und Ziegen. Der Fluss war so wichtig, dass der Grieche Herodot das alte Ägypten als „Geschenk des Nil" bezeichnete.

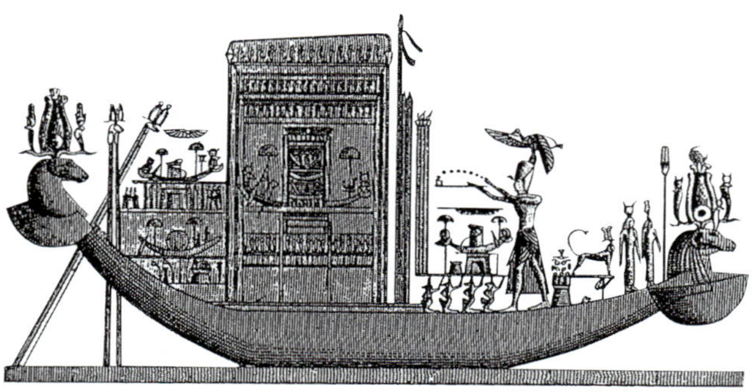

Vor allem Boote dienten zum Fischen, Jagen und zum Transport von Passagieren und Gütern. Der Leichnam eines Pharaos wurde mit einer Barke zu seinem Grab gebracht.

Königin Nofretete war die Hauptfrau von König Echnaton (Amenophis IV.), der Ägypten etwa 1364–1347 v. Chr. regierte. Sie hatten sechs Töchter, eine davon heiratete König Tutanchamun.

Vor etwa 7000 Jahren entstanden die ersten Siedlungen im alten Ägypten. Sie weiteten sich bald aus, und es bildeten sich zwei Königreiche: Unterägypten im Nildelta und Oberägypten entlang des Flusstals. Um 3100 v. Chr. vereinigte Menes, der König von Oberägypten, die Reiche und erbaute seine Hauptstadt in Memphis. Er begründete die erste Dynastie – eine mehrere Generationen lang herrschende Familie – des alten Ägypten.

Ägyptische Bauern bei der Arbeit. Sie teilten das Jahr in drei Abschnitte: die Überschwemmungen (Juli bis November), wenn der Nil über die Ufer trat, die Wachstumszeit (Dezember bis März) und die Ernte (März bis Juli). War wegen des Hochwassers die Feldarbeit unmöglich, mussten die Bauern an den Bauwerken des Königs arbeiten.

ca. 5000–3100 v. Chr.	ca. 4000 v. Chr.	ca. 3200 v. Chr.	ca. 3100–2700 v. Chr.	ca. 3100 v. Chr.
Vordynastische Periode in Ägypten: Im Niltal entwickeln sich verschiedene Kulturen.	Die Boote auf dem Nil verwenden erstmals Segel.	In Ägypten werden die ersten Hieroglyphen verwendet.	Frühzeit (1. und 2. Dynastie).	König Menes vereint Ober- und Unterägypten.

DER BAU DER PYRAMIDEN

Niemand weiß genau, wie die Pyramiden gebaut wurden. Man vermutet, dass die teilweise tonnenschweren Steinblöcke auf Holzschlitten von Arbeitstrupps herbeigeschafft und über spiralförmige Rampen aus Lehm und Ziegelsteinen an Ort und Stelle gezogen wurden. Die Pyramide wuchs Schicht um Schicht, bis der Schlussstein aufgesetzt wurde. Diese Konstruktion erhielt eine Verkleidung aus weißem Kalkstein. Dann wurden die Rampen entfernt.

Der König war damals die mächtigste Person in Ägypten. Man verehrte ihn als Gott Horus. Von etwa 1554 v. Chr. an trug er den Titel Pharao, der „großes Haus" bedeutet. Zwei Beamte, Wesire genannt, halfen ihm beim Regieren und Eintreiben der Steuern. Auch die wichtigsten Ministerien unterstanden Beamten: das Schatzamt, die königlichen Bauten (Pyramiden und Grabmale), die Verwaltung der Kornspeicher und des Viehs und die Außenpolitik. Der Pharao kontrollierte jeden Bereich des Lebens im alten Ägypten.

ca. 2700–2100 v. Chr.	**ca. 2500 v. Chr.**	**ca. 2500 v. Chr.**	**ca. 2250–2150 v. Chr.**	**ca. 2150–2040 v. Chr.**	**ca. 2040–1640 v. Chr.**	**ca. 1640–1550 v. Chr.**
Altes Reich (3. bis 6. Dynastie). Bau der ersten Pyramiden.	Herrschaft von König Cheops (4. Dynastie).	Die Sphinx und die Große Pyramide (Grabstätte für Cheops) in Giseh werden gebaut.	Herrschaft von König Pepi II. (6. Dynastie), die längste bekannte Regierungszeit.	Erste Zwischenzeit (7. bis 10. Dynastie).	Mittleres Reich (11. bis 13. Dynastie): König Mentuhotep II. stellt wieder Einheit und Ordnung in Ägypten her.	Zweite Zwischenzeit (14. bis 17. Dynastie): Die Hyksos aus Asien überrennen Ägypten.

Leben und Tod in Ägypten

DIE ALTEN Ägypter glaubten an ein Leben nach dem Tod. Sie gaben ihren Toten Gegenstände für das jenseitige Leben mit. Die altägyptischen Gräber mit ihren Gemälden und kostbaren Grabbeigaben erzählen uns viel von diesen bemerkenswerten Menschen.

Die Grabkammern waren innen mit Bildern von Göttinnen und Göttern ausgeschmückt. Hier sieht man links den Totengott Osiris und rechts den Sonnengott Aton.

Die Hieroglyphen waren die Bilderschrift des alten Ägypten. Jedes dieser Bildzeichen stand für einen Begriff oder Laut. Sie wurden in Wände gemeißelt oder auf Papyrusrollen gezeichnet. Es gab speziell dafür ausgebildete Schreiber.

In der Vorstellung der Ägypter war die Konservierung des Körpers für das Wohlergehen im Jenseits notwendig, deshalb mumifizierten sie ihre Toten. Der Leichnam wurde einbalsamiert, getrocknet, in Leinenbänder gewickelt und dann in den Sarg gelegt. Am prächtigsten sind die Gräber der Könige. Einige setzte man in Pyramiden bei, in späterer Zeit wurden sie in Felsengräbern im Tal der Könige bestattet.

Ramses II. ließ den Großen Tempel in Abu Simbel erbauen. Vier riesige sitzende Königsfiguren aus Stein bewachen den Eingang.

Beim Mumifizieren eines Leichnams wurden Leber, Lunge und andere Eingeweide des Toten entnommen, eingewickelt und in speziellen Gefäßen, den Kanopen, aufbewahrt. Die Deckel in Kopfform stellen Schutzgötter dar.

ca. 1550–1080 v. Chr. Neues Reich (18. bis 20. Dynastie).	**ca. 1479–1425 v. Chr.** Herrschaft von Tuthmosis III. Das ägyptische Reich ist auf dem Höhepunkt seiner Macht.	**ca. 1364–1347 v. Chr.** Herrschaft von König Echnaton.

Die meisten Gräber wurden von Grabräubern geplündert, doch eines blieb fast unversehrt erhalten. Der britische Archäologe Howard Carter entdeckte und öffnete es 1922. Es gehörte dem jugendlichen König Tutanchamun und offenbarte unermessliche Schätze einer verschwundenen Welt.

Ägyptens Größe hatte rund 2500 Jahre Bestand. Die Ägypter, geschickte Mathematiker und Astronomen, entwickelten einen Kalender mit 365 Tagen. Sie hatten eine Bilderschrift, die Hieroglyphen. Sie galten als die besten Ärzte der Welt. Ihre Pyramiden und Tempel waren größer als alle bis dahin bekannten Bauwerke, und sie betrieben ausgedehnten Seehandel. Selbst spätere Eroberer Ägyptens, wie die Römer, waren von den Leistungen dieser Hochkultur beeindruckt.

› Tutanchamuns goldene Totenmaske bedeckte das Gesicht des Leichnams. Der in Leinen gewickelte Körper lag in drei verschachtelten Särgen, die von einem Steinsarkophag und vier hölzernen Schreinen geschützt wurden.

ca. 1347–1339 v. Chr. Herrschaft von König Tutanchamun.	**ca. 1279–1213 v. Chr.** Herrschaft von König Ramses II.	**ca. 1080–664 v. Chr.** Dritte Zwischenzeit (21. bis 25. Dynastie).	**ca. 664–332 v. Chr.** Spätzeit (26. bis 30. Dynastie). ca. 525–405 v. Chr.: Die Perser regierten als 27. Dynastie.	**332–323 v. Chr.** Alexander der Große kontrolliert Ägypten, er gründet die Stadt Alexandria (331 v. Chr.).	**323–30 v. Chr.** Herrschaft der Ptolemäer bis zum Selbstmord Kleopatras 30 v. Chr. Ägypten wird Provinz des Römischen Reichs.

Das alte China

DIE FRÜHESTEN Kulturen Chinas entwickelten sich an den Ufern der großen Ströme Jangtsekiang, Xi Jiang und Hwangho. Die Bauern nutzten ihr Wasser zum Gießen ihrer Felder, litten aber auch unter häufigen Überflutungen.

Die frühesten Zahlungsmittel bestanden aus Kupfer und waren wie Werkzeuge geformt und in jedem Staat verschieden. Unter Shi Huang-ti prägte man runde Münzen mit Löchern, die zum Transport aufgefädelt wurden.

VON ETWA 2205 v. Chr. an regierte eine Folge von Dynastien in China. Die erste, für die verlässliche Belege vorliegen, ist die Shang-Dynastie, deren Regierungszeit um 1766 v. Chr begann. Sie war mehrere Jahrhunderte an der Macht, bevor sie von der Zhou-Dynastie abgelöst wurde.

Während der Zhou-Herrschaft, die bis 221 v. Chr. dauerte, gab es häufig Krieg zwischen den rivalisierenden Feudalstaaten im Herrschaftsgebiet. Doch die Wirtschaft erblühte, Seide, wertvolle Jade und edles Porzellan wurden ins Ausland verkauft.

Bis 221 v. Chr. hatten sich die einzelnen Königreiche über mehr als 250 Jahre bekriegt. Die aus dem Nordwesten stammende Qin-Dynastie (auch Ch'in) einte das Land und schuf das Kaiserreich, das nach ihr China benannt wurde. Shi Huang-ti, der erste Kaiser, reorganisierte die Verwaltung und standardisierte Geld, Maße und Gewichte. Um die Landesteile zu verbinden, entstand

Einer von 10 000 Tonsoldaten aus dem riesigen unterirdischen Grab von Shi Huang-ti. 210 v. Chr. wurde er mit allem für das Leben im Jenseits Nötigen, einschließlich seiner Armee, begraben.

Die Chinesische Mauer (erbaut 214–204 v. Chr.) war über 2250 km lang, neun Meter hoch und breit genug für Pferdewagen. Tausende Kleinbauern mussten daran mitarbeiten. Bei schlechter Arbeit drohte das Todesurteil.

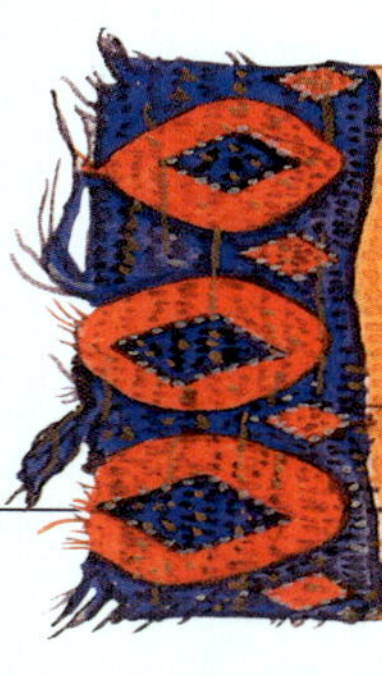

ca. 1766–1027 v. Chr. Die Shang-Dynastie herrscht in China.

1027–256 v. Chr. Zhou-Dynastie herrscht in China.

ca. 551 v. Chr. Geburt des Philosophen Konfuzius.

KONFUZIUS

Der Philosoph Konfuzius wurde 551 v. Chr. in einer Zeit häufiger Kriege geboren. Er machte es sich zur Lebensaufgabe, den Menschen ein Leben in Frieden nahe zu bringen. Bis zu Beginn des 20. Jahrhunderts prägten seine Lehren den öffentlichen Dienst in China.

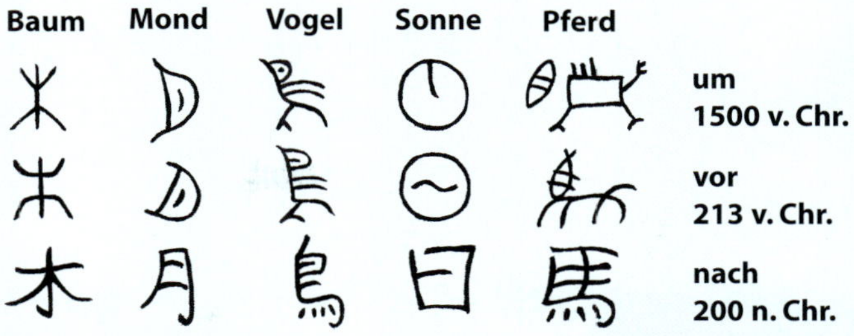

Die ältesten chinesischen Schriftzeichen fand man auf Orakelknochen (Shang-Dynastie). Allmählich wurden die Bildsymbole immer abstrakter.

ein Straßen- und Kanalnetz. Entlang der Nordgrenze wurde die Große Mauer zum Schutz vor feindlichen Nomadenvölkern (Hunnen) errichtet. Shi Huang-ti war ein ebenso brillanter wie rücksichtsloser Feldherr und Politiker, der angeblich viele unbequeme Intellektuelle hinrichten ließ. Vier Jahre nach Shi Huang-tis Tod wurde die Qin-Dynastie 206 v. Chr. gestürzt.

481–221 v. Chr.
„Zeit der streitenden Reiche“: Fast ganz China befindet sich in einer Art Bürgerkrieg.

221 v. Chr.
Qin Shi Huang-ti eint China und gründet die Qin-Dynastie. Er wird erster Kaiser von China.

212 v. Chr.
Durch die Verbrennung konfuzianischer und philosophischer Bücher will Shi Huang-ti kritische Ideen unterdrücken.

210 v. Chr.
Tod von Kaiser Qin Shi Huang-ti.

206 v. Chr.
Zusammenbruch der Qin-Dynastie, die Han-Dynastie herrscht bis 9 n. Chr. in China.

Die Babylonier

BABYLON, das einst ein kleines Königreich in Mesopotamien war, gelangte erstmals unter König Hammurapi (ca. 1728– 1686 v. Chr.) zu Macht und Ansehen. Er erweiterte Babylonien um Sumer und Akkad und machte das ausgebaute Babylon zur Hauptstadt eines neuen Reichs.

Einer Sage nach wurden die Hängenden Gärten von Babylon für Nebukadnezars persische Frau Amytis erbaut, die die grünen Hügel ihrer Heimat vermisste. Die Gärten waren eines der sieben Weltwunder der Antike.

König Nebukadnezar II. (605–562 v. Chr.) eroberte Syrien und Palästina. Er verschleppte viele Bewohner Jerusalems in die Gefangenschaft nach Babylon.

HAMMURAPI war ein gerechter und diplomatischer Herrscher. Seine Gesetzessammlung (Codex Hammurapi), eine der ältesten erhaltenen der Welt, machte ihn berühmt. Sie war für alle sichtbar auf Steinsäulen eingemeißelt. Nach seinem Tod fielen Hethiter, Kassiten, Chaldäer und Assyrer in Babylon ein. Der assyrische König Sanherib zerstörte 689 v. Chr. die Stadt. Unter König Nebukadnezar II. stieg Babylon im 6. Jahrhundert v. Chr. jedoch zu alter Größe auf. Er eroberte ein riesiges Reich und machte Babylon zur wohl größten Stadt des Altertums.

Die Ehrfurcht gebietende Stadt Babylon erhob sich an den Ufern des Euphrat (in der Nähe des heutigen Bagdad im Irak). Die Hauptstadt des babylonischen Reichs war wirtschaftliches und religiöses Zentrum. Vor allem Gott Marduk genoss als Schutzpatron der Stadt besondere Verehrung. Der Name Babylon bedeutet tatsächlich „Tor Gottes".

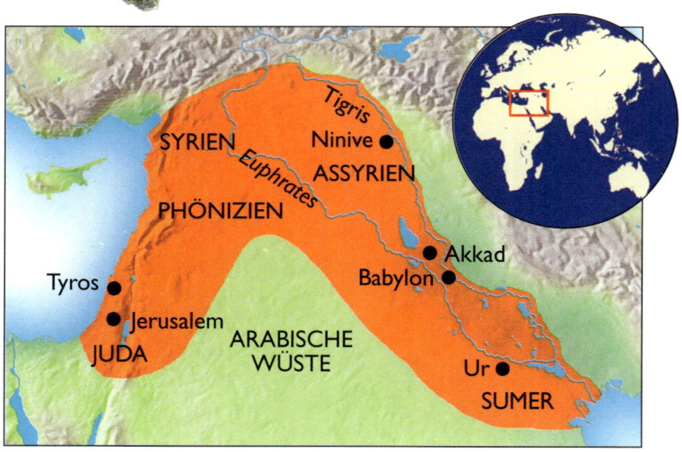

Diese Karte zeigt die Ausdehnung des babylonischen Reichs unter Nebukadnezar II., der durch den Sieg über Ägypten Syrien eroberte.

ca. 1894 v. Chr. Die Amoriter gründen das kleine Königreich von Babylon in Mesopotamien.	**ca. 1728–1686 v. Chr.** Herrschaft von König Hammurapi: Babylon steigt erstmals zur Macht auf.	**1595 v. Chr.** Babylon wird von den Hethitern geplündert, fällt an die Kassiten.	**ca. 1570–1158 v. Chr.** Herrschaft der Kassiten in Babylon.	**ca. 1124–1103 v. Chr.** Nebukadnezar I. regiert.	**ca. 731–626 v. Chr.** Assyrer und Chaldäer kämpfen um die Kontrolle über Babylon.	**ca. 626–529 v. Chr.** Babylon steigt erneut zur bedeutenden Macht im Nahen Osten auf.

BABYLONISCHE WISSENSCHAFTEN

Die Babylonier waren ausgezeichnete Mathematiker und Astronomen. Sie zeichneten die älteste bekannte Weltkarte. Sie führten als Erste (ca. 2600 v. Chr.) Metallgewichte (in Löwenform) ein.

Nebukadnezar II. ließ die Stadt prachtvoll wieder aufbauen. Die gewaltige Stadtmauer besaß acht massive Tore aus Bronze. Durch das berühmteste und schönste von ihnen, das Ischtar-Tor, führte der Prozessionsweg vom großen Marduk-Tempel innerhalb der Stadtmauern zu wichtigen religiösen Stätten außerhalb. Bei den Neujahrsfeiern wurden Götterstatuen diesen Weg entlang getragen. Weltberühmt ist auch der prächtige Palastbau Nebukadnezars sowie die Zikkurat im Zentrum des Marduk-Tempels, die als Turm von Babel in die biblische Geschichte einging.

Das blau gekachelte Ischtar-Tor war der nördliche Eingang nach Babylon. Es wurde nach der Kriegs- und Liebesgöttin benannt. Stiere und Drachen als Symbole des Gottes Marduk schmückten das Tor.

626–605 v. Chr.
König Nabopolasser schlägt die Assyrer und regiert Babylon.

605–562 v. Chr.
Nabopolassers Sohn Nebukadnezar II. herrscht über Babylon. Ägypten wird besiegt und Syrien erobert.

ca. 597 v. Chr.
Nebukadnezar erobert Juda (südliches Palästina) und schlägt dort drei Rebellionen nieder.

587 v. Chr.
Nebukadnezar zerstört Jerusalem und nimmt die Einwohner mit nach Babylon in die Verbannung.

539 v. Chr.
Babylon wird von den Persern erobert und Teil des riesigen Perser-Reichs.

Das antike Griechenland

UM 800 v. Chr. entstand eine neue Hochkultur, die die alte Welt verändern sollte und deren Einfluss bis heute fortwirkt. Das antike Griechenland bestand aus kleinen, unabhängigen Stadtstaaten mit jeweils eigenen Regierungen und Gesetzen. Die beiden mächtigsten und bedeutendsten Städte waren Athen und Sparta.

Perikles war von 443 bis 429 v. Chr. Herrscher in Athen. Berühmt und populär wurde er, als er der Stadt ein Goldenes Zeitalter bescherte, indem er das von den Persern zerstörte Athen wieder aufbaute.

DIE MEISTEN STADTSTAATEN wurden von einer Gruppe reicher Adeliger regiert (Oligarchie). Als Unmut zu Revolten führte, setzte man absolute Herrscher (Tyrannen) zur Wiederherstellung der Ordnung ein. Um 508 v. Chr. führte Athen eine neue Regierungsform, die Demokratie, ein. Bei dieser Volksherrschaft konnte jeder freie, männliche Bürger die Geschicke der Stadt mitbestimmen. Heute sind viele Länder Demokratien mit allgemeinem Wahlrecht.

Die griechische Klassik, die Zeit der kulturellen Blüte, dauerte von etwa 500 v. Chr. bis 336 v. Chr. In dieser Zeit war Griechenland aber auch in zwei lange Kriege verwickelt. 490 v. Chr. fielen die Perser ein; die gemeinsamen Truppen der griechischen Stadt-

Basis der griechischen Armee war ihre Fußtruppe, die mit schweren Schilden und langen Speeren bewaffneten Hopliten. Ihre kleidartigen, geschlitzten Gewänder ließen ihnen viel Bewegungsfreiheit.

Im Feld bildeten die Hopliten eine Phalanx: einen geschlossenen Soldatenblock aus acht und mehr Reihen.

Die Phalanx rückte in geschlossener Formation vor, die Speere nach vorne abgewinkelt, um die Gegner aufzuspießen.

staaten konnten sie erst 449 v. Chr. entscheidend schlagen. Die Schlacht von Marathon (490 v. Chr.) wurde durch den Boten Pheidippides, der 40 km nach Athen rannte, um die Siegesbotschaft zu überbringen, weltberühmt. Sein Lauf wurde Vorbild für den modernen Marathonlauf.

Der Frieden hielt nur kurz, denn 431 v. Chr. brach der Peloponnesische Krieg zwischen Athen und Sparta aus. Nach der Belagerung der Stadt Athen und dem Aushungern der Bevölkerung zwangen die Spartaner die Truppen Athens 404 v. Chr. zur Kapitulation.

Der Parthenon wurde im 5. Jahrhundert v. Chr. auf der Akropolis (Hügel über Athen) erbaut. Der Tempel war Athene, der Göttin der Weisheit, geweiht.

Das Leben in Sparta unterschied sich stark von dem in Athen. Die Spartaner erzogen ihre Männer zu furchtlosen Kriegern, die bereit waren, den Stadtstaat vor Eindringlingen von außen und Aufruhr von innen zu schützen. Schon als Siebenjährige wurden Jungen in Militärlager geschickt, wo sie durch strenge Disziplin und unter rauen Bedingungen zu den zähesten Kämpfern Griechenlands geformt wurden. Auch die Mädchen erzog man zu Stärke und Fitness.

Die griechischen Schlachtschiffe besaßen Segel und auf jeder Seite zahlreiche Ruder, das machte sie schnell und gut manövrierbar.

ca. 900 v. Chr. Die Dorer gründen den Staat Sparta.

ca. 800–500 v. Chr. Die archaische Zeit: Griechenland erholt sich nach einer langen Zeit des Niedergangs.

776 v. Chr. In Olympia werden die ersten Olympischen Spiele abgehalten.

ca. 750–550 v. Chr. Rund ums Mittelmeer entstehen viele griechische Kolonien.

ca. 700 v. Chr. Der griechische Dichter Homer verfasst die Epen *Ilias* und *Odyssee*.

ca. 508 v. Chr. Einführung der Demokratie in Athen.

Griechische Kultur

DIE GRIECHISCHE Kultur hatte länger Bestand als die griechischen Stadtstaaten. Sie beeinflusste die römische Kultur und wirkt bis heute in Politik, Philosophie, Kunst, Architektur, Sprache und Literatur fort. Viele Ideen und Begriffe in Wissenschaft und Kunst stammen aus der Antike.

Griechische Vasen wurden mit detaillierten Szenen aus dem täglichen Leben und der Mythologie verziert. Ein Großteil unseres Wissens über die alten Griechen verdanken wir Bildern auf Vasen und Gefäßen.

Die alten Griechen waren große Gelehrte, Denker und Lehrer. Zunächst erklärten sie Fragen zu Leben und Natur mit Geschichten über Götter. Später suchten sie nach sachlichen und wissenschaftlichen Erklärungen für die Zusammenhänge der Welt. Man nannte sie Philosophen (Weisheitsliebende), und unter ihnen fanden sich Gelehrte wie Sokrates, Platon und Aristoteles.

Drama und Sport spielten im antiken Griechenland eine wichtige Rolle. Das Theater entwickelte sich aus der Aufführung von Gesängen und Tänzen bei dem alljährlichen Fest zu Ehren von Dionysos, dem Gott des Weines. Eine Gruppe von Männern, der so genannte Chor, brachte sie zur Darbietung. Die Aufführungen fanden zunächst auf den Marktplätzen statt, später erbaute man in ganz Griechenland Freilichttheater (viele sind bis heute erhalten).

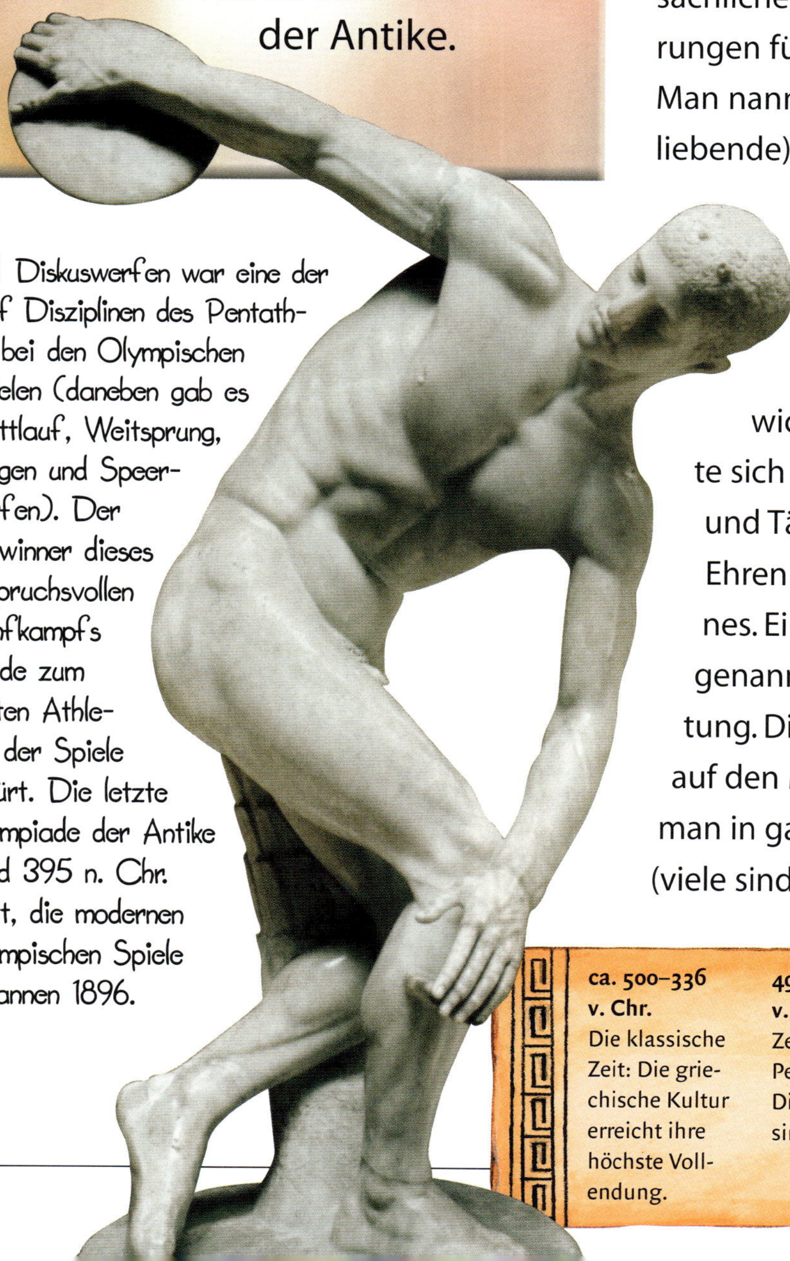

Diskuswerfen war eine der fünf Disziplinen des Pentathlon bei den Olympischen Spielen (daneben gab es Wettlauf, Weitsprung, Ringen und Speerwerfen). Der Gewinner dieses anspruchsvollen Fünfkampfs wurde zum besten Athleten der Spiele gekürt. Die letzte Olympiade der Antike fand 395 n. Chr. statt, die modernen Olympischen Spiele begannen 1896.

ca. 500–336 v. Chr.	**490–449 v. Chr.**	**479–431 v. Chr.**	**447–438 v. Chr.**
Die klassische Zeit: Die griechische Kultur erreicht ihre höchste Vollendung.	Zeit der Perserkriege: Die Griechen sind Sieger.	Das Goldene Zeitalter Athens bringt der Stadt Reichtum und viele Errungenschaften.	Bau des Parthenon-Tempels in Athen.

Sokrates (etwa 469–399 v. Chr.), Sohn eines Athener Steinmetzen, zählt zu den einflussreichsten antiken Philosophen. Seine Lehre vom begründeten Wissen des Guten und den daraus folgenden rechten Taten missfiel vielen, und so wurde er zum Tode durch den Schierlingstrank verurteilt.

Sport war nicht nur eine Form der Unterhaltung, er diente auch der Ertüchtigung der Männer für den Kampf. Es gab zahlreiche Wettkämpfe, doch die ältesten und berühmtesten sind die Olympischen Spiele. Sie fanden alle vier Jahre in Olympia zu Ehren des Göttervaters Zeus statt. Während der Spiele herrschte der Olympische Friede, der den Athleten und Zuschauern die unbehelligte Reise durch die Stadtstaaten zum Austragungsort ermöglichte. Die Sportler trainierten monatelang hart für die Wettkämpfe. Es galten strenge Regeln und Strafen für deren Missachtung. Doch ein Sieg zahlte sich für jeden aus: In Olympia erhielt der Sieger nur einen Lorbeerkranz, bei der Rückkehr in seine Heimat aber erwarteten ihn Ruhm und Reichtum.

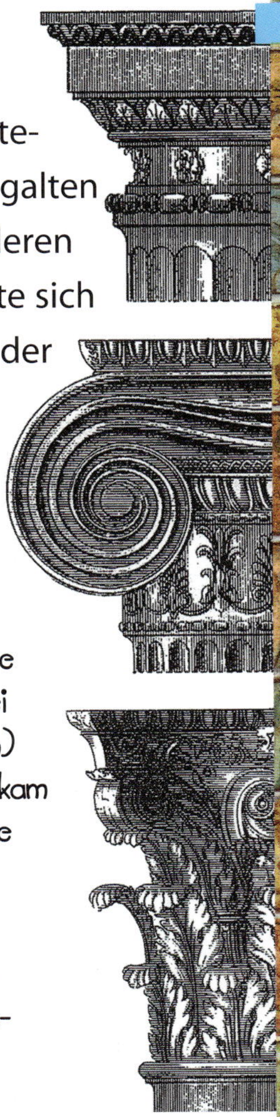

Die Griechen entwickelten für ihre öffentlichen Bauwerke und Tempel zwei Stilvarianten von Säulen: dorisch (oben) und ionisch (Mitte). In römischer Zeit kam als dritte Variante (unten) der üppigere korinthische Stil hinzu.

Die Griechen hatten nur männliche Schauspieler. Durch Masken und Kostüme brachten sie die verschiedenen Charaktere (glücklich-traurig, Mann-Frau, jung-alt) zum Ausdruck. Die Griechen bauten die ersten Theater, die größten hatten Platz für 18 000 Zuschauer.

431–404 v. Chr. Athen und Sparta bekämpfen sich im Peloponnesischen Krieg. Sparta gewinnt dank persischer Hilfe.

430 v. Chr. Eine pestähnliche Epidemie wütet in Athen.

371 v. Chr. Theben besiegt Sparta in der Schlacht bei Leuktra.

362 v. Chr. Bei Mantineia kämpft Theben erfolgreich gegen Sparta und Athen, bis sein Feldherr fällt.

338 v. Chr. Die Griechen werden von den Makedoniern in der Schlacht von Chaironeia geschlagen. Das bedeutet das Ende der Unabhängigkeit Griechenlands.

336–30 v. Chr. Zeit des Hellenismus: Durch Alexanders Eroberungen verbreitet sich die griechische Kultur.

147–146 v. Chr. Griechenland wird Teil des Römischen Reichs.

Alexander und die Perser

IN DEN Auseinandersetzungen, die auf die Perserkriege folgten, entwickelte sich Makedonien zur dominanten Kraft in Griechenland. Sein junger König Alexander brach zu einem heldenhaften Eroberungszug auf und besiegte den Erzfeind Persien.

Die persische Armee verdankte ihre Stärke den Bogenschützen und der Reitertruppe, doch Alexanders Taktik waren auch sie nicht gewachsen.

DAS PERSISCHE Kernland lag im heutigen Iran. Die Perser beherrschten ein Imperium, das im Osten bis nach Indien und im Westen bis zur Türkei reichte. Wichtige Perserkönige befehligten starke und effiziente Armeen. Dareios I. (521–486 v. Chr.) ließ im Reich ein Netz von Straßen für eine schnelle Nachrichtenermittlung bauen. Zur besseren Verwaltung teilte er das Imperium in mehrere Provinzen, so genannte Satrapien, auf. Ab 499 v. Chr. gingen die Perser gegen die Griechen vor, doch 480 v. Chr. wurde ihre Flotte bei Salamis besiegt.

Griechenland gewann in Folge an Macht. Durch den Sieg bei Chaironeia (338 v. Chr.) errang Philipp II. von Makedonien die Vorherrschaft in Griechenland. Nach seiner Ermordung 336 v. Chr. wurde sein erst 20-jähriger Sohn Alexander König. Nur 13 Jahre brauchte Alexander, um das größte Imperium der Antike zu erobern. Gleichzeitig verhalf er dadurch der griechischen (und persischen) Kultur zu einer weiten Verbreitung.

Das von Dareios I. gegründete Persepolis war die prächtige Hauptstadt der Perserkönige. Die Ruinen der Stadt liegen bei Schiras im heutigen Iran. Als Alexander Persepolis 331 v. Chr. eroberte, ließ er den prunkvollen Palast bis auf die Grundmauern niederbrennen.

559–529 v. Chr. Herrschaft von Kyros II. (der Große) in Persien.

539 v. Chr. Kyros II. erobert Babylon.

526 v. Chr. Kambyses II. erobert Ägypten.

521–486 v. Chr. Herrschaft des Perserkönigs Dareios I. (dem Großen).

499–479 v. Chr. Unter Dareios I. und Xerxes versuchen die Perser, Griechenland zu erobern; sie scheitern.

356 v. Chr. Geburt Alexanders, er wird (336 v. Chr.) König, nach der Ermordung Philipps II.

334 v. Chr. Alexander dringt mit seiner Armee ins Perser-Reich ein.

333 v. Chr. Alexander besiegt das mächtige persische Heer unter Dareios III. in der Schlacht von Issos.

334 v. Chr. zog Alexander mit seiner Armee gegen die Perser. Er wollte deren Land erobern und seine Kriegskasse mit ihren Schätzen füllen. 333 v. Chr. besiegte er den Perserkönig Dareios III. in der Schlacht von Issos. Und 331 v. Chr. hatte er ganz Persien erobert und wurde zu seinem König gekrönt. Um die Beziehungen zwischen beiden Völkern zu stärken, nahm Alexander Perser in seine Verwaltung auf. Er trug persische Kleidung und heiratete die persische Prinzessin Roxane. Auf seinem Indienfeldzug schlug er König Poros am Hydaspes. Doch seine erschöpfte Armee verweigerte den weiteren Vormarsch und zwang Alexander zur Rückkehr nach Babylon. Dort erlag er 323 v. Chr. einem heftigen Fieber. Nach seinem Tod teilten seine Generäle das Reich unter sich auf.

Alexander auf seinem berühmten Schlachtross Bucephalos.

Die Karte zeigt die Ausdehnung des Reichs von Alexander und die Routen seiner Eroberungszüge.

332 v. Chr. Alexander erobert Ägypten.	**331 v. Chr.** Alexander schlägt die Perser in der Schlacht von Gaugamela.	**327 v. Chr.** Alexander erreicht Indien. Seine Truppen zwingen ihn 324 v. Chr. zur Umkehr.	**323 v. Chr.** Alexander stirbt in Babylon. Seine Generäle kämpfen um die Macht, das Reich wird geteilt.

Die Kelten

KELTISCHE Völker begannen um 800 v. Chr., sich nach Westen hin über Europa auszubreiten. In Stammesverbänden siedelten sie in Gehöften und Hügelfestungen. Den Kelten gelang es nicht, sich gemeinsam des Feindes, der römischen Legionen, zu erwehren.

Maiden Castle war eine der mächtigsten Hügelfestungen der Eisenzeit in Britannien. Anrückende Feinde waren schon von Weitem zu sehen, und die konzentrischen Ringwälle waren nur schwer einzunehmen.

DIE KELTEN waren tapfere, furchtlose Krieger, aber ebenso geschickt in der Metallbearbeitung. Sie fertigten verzierte Waffen, Schmuck und Trinkbecher. Die begnadeten Erzähler gaben ihre Geschichten über Götter und die Vergangenheit von Mund zu Mund weiter. Die Römer hielten Details über Leben und Kultur der Kelten schriftlich fest. Ihre Aufzeichnungen berichten von der Verehrung zahlreicher keltischer Göttinnen und Götter und von Opfern zu ihren Ehren. Religiöse Rituale und Handlungen wurden von Priestern, so genannten Druiden, durchgeführt. Jeder Stamm hatte ein verantwortliches Oberhaupt, berühmt ist Vercingetorix, der Fürst der Arverner (Auvergne, Frankreich). Er führte 52 v. Chr. einen zunächst erfolgreichen Aufstand gegen die Römer an, wurde dann aber von Julius Caesar und seinen gut trainierten Legionen besiegt.

Keltische Kunsthandwerker produzierten wunderschöne Metallobjekte wie dieses silberne Pferdegeschirr. Viele Artefakte sind erhalten geblieben.

Viele keltische Stämme errichteten auf Bergrücken Festungen, die sie mit mächtigen Ringwällen aus Erde gegen Angriffe schützten. Siegreiche Schlachten feierte man oft über mehrere Tage mit ausgiebigen Trinkgelagen. Dabei wurden epische Dichtungen über die Taten der Götter und keltischer Helden vorgetragen.

ca. 600–500 v. Chr.
Die keltische Kultur entwickelt sich in Österreich und später in Frankreich.

ca. 400 v. Chr.
Die Kelten bauen in Süd- und Westeuropa Gehöfte und Hügelfestungen.

390 v. Chr.
Die Gallier (französische Kelten) besetzen und plündern Rom.

225 v. Chr.
Die Römer besiegen die Gallier in der Schlacht bei Telamon (Italien).

58–50 v. Chr.
Julius Caesar erobert Gallien (Frankreich).

52 v. Chr.
Vercingetorix führt einen Aufstand der Gallier gegen die Römer an, wird aber von Caesar besiegt.

Ihr höchster Gott Dagda (Guter Gott) bestimmte über Wetter und Ernte und bescherte den Sieg im Kampf.

Die keltischen Krieger rühmte und fürchtete man wegen ihrer Tapferkeit in der Schlacht. Häufig kam es zwischen rivalisierenden Keltenstämmen zum Krieg, das schwächte sie und half den Römern.

BOUDICCA

Der römische Kaiser Claudius fiel 43 n. Chr. in Britannien ein. Einige Kelten leisteten erbitterten Widerstand. 60 n. Chr. führte Boudicca, die Königin der Icener aus dem Osten der Insel, einen Aufstand gegen die Römer an. Die Kelten brannten Londinium (London) nieder und töteten rund 70 000 Römer. Doch 61 n. Chr. wurden sie besiegt, und Boudicca nahm sich mit Gift das Leben.

Im Inneren der schützenden Ringwälle lebten die Familien mit ihren Tieren in runden reetgedeckten Holzhütten mit Wänden aus lehmverschmiertem Astgeflecht. In der Mitte hing über dem Feuer ein großer Eisenkessel.

61 n. Chr.
Königin Boudicca (Britannien) scheitert mit ihrem Aufstand gegen die Römer.

Die Römer

DER LEGENDE nach wurde die Stadt Rom 753 v. Chr. von den Zwillingsbrüdern Romulus und Remus gegründet. Ihr Onkel, der König von Alba, ließ die Knaben zum Sterben am Ufer des Tiber aussetzen, doch eine Wölfin rettete die Kinder. Später fand ein Schafhirte die beiden und zog sie groß.

DER WÖLFIN ZU EHREN und zum Dank gelobten Romulus und Remus, eine Stadt auf dem Palatin-Hügel zu erbauen, wo sie die beiden gefunden hatte. Remus wurde im Streit um die Stadtgrenzen getötet und Romulus somit erster König von Rom.

Octavianus, der erste römische Kaiser, nannte sich Augustus (der Erhabene). Der große Politiker reorganisierte die Verwaltung und sorgte für Frieden und Wohlstand in Rom.

Aus bescheidenen Anfängen mit wenigen Dörfern entwickelte sich Rom zur Hauptstadt eines der mächtigsten Imperien, das die westliche Welt je gesehen hat.

Zunächst herrschten Könige über Rom. Um 509 v. Chr. vertrieb man Tarquinius Superbus aus Rom und errichtete eine Republik, die rund 500 Jahre bestand. Der Senat, die Ratsversammlung der Adeligen und die beiden Konsuln übernahmen die Macht. Die Konsuln wurden als oberste Beamte und Heerführer jeweils für ein Jahr ernannt. Um 50 v. Chr. hatte Rom die meisten Länder rund um das Mittelmeer erobert; Rivalitäten zwischen Generälen stürzten Rom in einen

Dieses Wandgemälde, ein so genanntes Fresko, stammt aus der antiken Stadt Pompeji, die 79 n. Chr. beim Ausbruch des Vesuv zerstört wurde. Trotz der alles bedeckenden Schicht aus Asche und Lava blieb vieles erhalten.

753 v. Chr.
Der Legende nach Gründungsdatum der Stadt Rom.

ca. 509 v. Chr.
Gründung der Römischen Republik.

264–146 v. Chr.
Zeit der Punischen Kriege zwischen Rom und Karthago (Nordafrika). Karthago wird zerstört, und Rom kontrolliert den Mittelmeerraum.

49 v. Chr.
Julius Caesar ergreift die Macht und wird Alleinherrscher in Rom. 44 v. Chr. wird er ermordet.

Julius Caesar, ein brillanter Feldherr, gewann den Kampf um die Macht und wurde 49 v. Chr. Alleinherrscher in Rom. Am 15. März 44 v. Chr. wurde er erstochen.

Bürgerkrieg. 27 v. Chr. beauftragte man Octavian, den Adoptivsohn Julius Caesars, mit der Wiederherstellung des Friedens und stattete ihn mit weit reichenden Vollmachten aus. Er begründete das Römische Kaiserreich, dessen Herrscher weite Teile Europas, Nordafrikas und des Nahen Ostens kontrollierten.

HANNIBAL

Zwischen 264 und 146 v. Chr. führte Rom mehrere Kriege gegen die phönizische Stadt Karthago in Nordafrika. In diesen Punischen Kriegen ging es um die Kontrolle über das Mittelmeer. 218 v. Chr. führte der Feldherr Hannibal aus Karthago einen Überraschungsangriff auf Rom. Mit 35 000 Mann und 37 Elefanten überquerte er die Alpen und fiel in Italien ein. Dennoch wurde Karthago besiegt und zerstört.

Der Legende nach säugte eine Wölfin Romulus und Remus, bis ein Hirte die Knaben rettete. Die Geschichte erzählt auch, wie die beiden Rom gründeten und Romulus zum ersten König wurde. Diese Statue der Wölfin stammt aus dem 6. Jahrhundert v. Chr. Die Zwillinge fügte man viel später, 1510 n. Chr., hinzu.

31 v. Chr.	27 v. Chr.	27 v. Chr.–14 n. Chr.	14–37 n. Chr.	37–41 n. Chr.	41–54 n. Chr.	54–68 n. Chr.	64 n. Chr.
Octavianus besiegt Antonius und Kleopatra in der Schlacht von Actium. Ägypten wird römische Provinz.	Ende der Republik, Geburtsstunde des Römischen Kaiserreichs.	Octavianus nimmt den Titel „Augustus“ an und regiert als erster römischer Kaiser.	Herrschaft von Kaiser Tiberius.	Herrschaft von Kaiser Caligula.	Herrschaft von Kaiser Claudius.	Herrschaft von Kaiser Nero.	Ein Feuer zerstört Rom.

Die römische Gesellschaft

DEN ERSTAUNLICHEN Erfolg und die Expansion verdankt das Römische Reich vor allem seiner Armee, der besttrainierten und bestausgestatteten der damaligen Welt.

Die römischen Münzen zeigten den jeweiligen Kaiser und wurden im gesamten Imperium akzeptiert. Friedlicher Handel war ein Verdienst der römischen Herrschaft.

Die römische Armee wurde ursprünglich zum Schutz der Stadt Rom gegründet. Sie bestand überwiegend aus Freiwilligen. Die Heeresreform von Marius (155–86 v. Chr.) machte sie zu einer disziplinierten und effizienten Streitmacht. Die Soldaten verpflichteten sich auf 20 bis 25 Jahre und bekamen Sold.

Die einfachen Soldaten wurden in Legionen von etwa 5000 Mann zusammengefasst. Als Untereinheit gab es die Zenturie (ursprünglich 100, dann 80 Mann), die ein Zenturio befehligte. Die Legionen zogen hinter ihren silbernen Standarten in die Schlacht.

Römische Soldaten waren bestens trainiert. Sie trugen Brustpanzer und federgeschmückte Helme aus Bronze oder Eisen. Voll ausgerüstet mit Waffen, Proviant und Gepäck konnten sie bis zu 30 km am Tag zurücklegen.

69–79 n. Chr.	79–81 n. Chr.	ca. 80 n. Chr.	98–117 n. Chr.	117–138 n. Chr.	166–167 n. Chr.	180 n. Chr.
Vespasian regiert als Kaiser im Römischen Reich.	Titus ist römischer Kaiser.	Das Kolosseum in Rom wird fertig gestellt.	Das Imperium erreicht unter Kaiser Trajan seine größte Ausdehnung.	Kaiser Hadrian regiert.	Die Pest wütet im Römischen Reich.	Ende der Pax Romana (römischer Frieden), einer Zeit der Stabilität im Reich.

Das Kolosseum, für die beim Publikum so beliebten Gladiatorenkämpfe gebaut, gehört zu den prächtigsten Relikten des alten Rom. Gladiatoren waren speziell trainierte Sklaven oder Gefangene, die auf Leben und Tod gegeneinander oder gegen wilde Tiere kämpften. Das Kolosseum bot 45000 Zuschauern Platz.

Sie müssen einen beeindruckenden Anblick geboten haben.

Die römische Gesellschaft unterschied Bürger und Nicht-Bürger. Bei den Bürgern gab es drei Klassen: den reichen Erbadel (Patrizier), die zu Wohlstand gekommenen Ritter (Equites) und die einfachen Bürger (Plebejer). Alle freien Bürger besaßen das Stimmrecht, durften in der Armee dienen und die Toga tragen.

Schwere körperliche Arbeit, vor allem Berg- und Hausbau, verrichtete das riesige Heer von Sklaven. Die meisten Sklaven wurden sehr schlecht behandelt, doch einige erhielten Lohn und konnten sich irgendwann freikaufen.

Kaiser Hadrian (Regentschaft 117–138 n. Chr.) konzentrierte sich darauf, die Grenzen seines riesigen Reichs zu sichern. An gefährdeten Grenzabschnitten in Germanien, Afrika und Britannien entstanden Schutzwälle. Der 122 n. Chr. an der nördlichsten Grenze des Imperiums gebaute Hadrianswall ist am besten erhalten.

CHRISTENTUM UND ROM

Die Römer verehrten viele Götter und übernahmen häufig die Religionen unterworfener Völker. Jesus Christus wurde in Palästina geboren (wahrscheinlich 4 v. Chr.), damals römische Provinz. Seine Lehre zog begeisterte Jünger an, zum Missfallen der jüdischen Statthalter, und die Römer kreuzigten ihn. Seine Jünger, darunter der Apostel Paulus, verbreiteten die neue Religion des Christentums in der römischen Welt. Verfolgung konnte ihr Erstarken nicht aufhalten, und 391 n. Chr. wurde das Christentum offizielle Staatsreligion in Rom.

286 n. Chr.
Kaiser Diokletian ernennt einen Mitkaiser. Die spätere Spaltung des Reichs in Ost- und Westrom wird so vorbereitet.

391 n. Chr.
Das Christentum wird Staatsreligion im Römischen Reich.

410 n. Chr.
Alarich, der König der Westgoten, erobert Rom.

451 n. Chr.
Attila fällt mit den Hunnen in Gallien ein.

476 n. Chr.
Der letzte weströmische Kaiser, Romulus Augustulus, wird abgesetzt. Der östliche Reichsteil besteht als Byzantinisches Reich weiter.

Indische Reiche

ETWA 322 v. Chr. begründete der junge Prinz Tschandragupta Maurya ein Reich, das sich quer durch Nordindien vom Hindukusch im Westen bis Bengalen im Osten erstreckte. Dies war das erste indische Imperium.

Die frühe buddhistische Kunst stellt Buddha symbolhaft als Fußabdruck, Stupa, Rad, Lotusblüte oder heiligen Baum dar.

Die buddhistischen Höhlentempel in Ajanta (Westindien) sind mit prächtigen Wandgemälden ausgeschmückt. Sie stammen aus der Zeit der Gupta-Herrschaft und zeigen Szenen aus dem Leben Buddhas.

TSCHANDRAGUPTAS ENKEL Aschoka bestieg 269 v. Chr. den Thron. Er erweiterte das Reich und brachte fast ganz Indien unter die Herrschaft der Maurya. Das Blutvergießen bei der Schlacht seiner Armee gegen das Volk von Kalinga (Ostindien) weckte moralische Zweifel bei Aschoka. 260 v. Chr. trat er zum Buddhismus über und gelobte, dessen Lehre von Friede und Gewaltlosigkeit zu befolgen.

Aschoka bereiste alle Teile seines Imperiums, um sich die Vorstellungen und Beschwerden der Menschen anzuhören und ihr Los zu bessern. Seine Erlasse wurden für alle sichtbar in Säulen gemeißelt. Beamte wurden eigens dafür ausgesandt, um seine Politik der religiösen Toleranz, des Friedens und des Respekts vor anderen zu erklären.

HINDUISMUS

Der Hinduismus entstand vor über 4000 Jahren, als sich die religiösen Vorstellungen der Industal-Kultur mit denen einfallender Völker vermischten. Unter Aschoka wurde der Buddhismus zur Hauptreligion in Indien. Die Gupta-Dynastie brachte die Wiederbelebung des Hinduismus. Heute sind mehr als drei Viertel der Inder Hindus. Wichtigstes Symbol des Hinduismus ist die heilige Silbe „Om“ (siehe Abbildung rechts oben).

ca. 560 v. Chr. Buddha wird in Lumbini (Nepal) geboren.	**ca. 480 v. Chr.** Buddha stirbt in Kushinagara (Indien).	**ca. 322–300 v. Chr.** Tschandragupta ergreift die Macht und begründet die Maurya-Dynastie.	**269–232 v. Chr.** Herrschaft von Aschoka Maurya, der einigen als mächtigster altindischer Herrscher gilt.	**260 v. Chr.** Aschoka tritt nach der Schlacht bei Kalinga zum Buddhismus über.	**ca. 185 v. Chr.** Die Shunga-Dynastie löst die der Maurya ab.	**ca. 320 n. Chr.** Im Tal des Ganges beginnt der Aufstieg der Gupta zur Macht.

Nach dem Zusammenbruch des Maurya-Imperiums um 185 v. Chr. zerfiel Indien in kleine unabhängige Königreiche. 320 n. Chr. begann Tschandragupta I., König von Magadha im Tal des Ganges, sein Reich auszudehnen. Die Gupta-Dynastie sollte die nächsten 200 Jahre über den Norden Indiens herrschen. Tschandraguptas Sohn Samudragupta führte die Expansion fort und intensivierte die Handelsbeziehungen. Ihm folgte Tschandragupta II., der Indien ein Goldenes Zeitalter bescherte.

Unter den Gupta erlebten Kunst und Literatur ebenso wie Wissenschaft, Medizin und Mathematik eine Blütezeit. Bedeutende Dichter und Künstler wurden an den prächtigen Königshof geholt. Der Hinduismus löste den Buddhismus als dominierende Religion im Reich ab. Viele neue Tempel und Schreine wurden gebaut. Das klassische, altindische Sanskrit wurde zur Sprache des königlichen Hofs.

Eines der Eingangstore zum großen Stupa (buddhistischer Schrein) von Sanchi, der unter Aschoka erbaut wurde. Die ersten Stupas enthielten Reliquien Buddhas. Aschoka ließ im gesamten Reich solche Bauwerke errichten.

Der Herrscher Aschoka Maurya. In Sarnath, Buddhas erster Wirkungsstätte, errichtete Aschoka eine große Stele mit buddhistischen Symbolen (vier Löwen und vier Räder). Sie ist heute Indiens Nationalemblem.

BUDDHISMUS

Begründer des Buddhismus war der indische Prinz Siddharta Gautama (ca. 560–480 v. Chr.), der sein komfortables Leben für die Suche nach Erleuchtung aufgab. Er fand sie beim Meditieren unter einem Bodhi-Baum. Den Rest seines Leben reiste er umher und verbreitete seine Lehre. Der Buddhismus sagt, dass Menschen wie alles Leben Teil eines ewigen Kreislaufs von Geburt, Veränderung, Tod und Wiedergeburt sind. Von Indien aus verbreitete sich der Buddhismus im restlichen Asien und darüber hinaus.

ca. 350–550 n. Chr.
Das Gupta-Reich beschert Indien ein Goldenes Zeitalter des Hinduismus.

380–415 n. Chr.
Tschandragupta II., der mächtigste der Gupta-Könige, regiert.

ca. 550 n. Chr.
Überfälle der Hunnen schwächen die Macht der Gupta. Das Reich zerfällt in kleinere Königreiche.

Das Mittelalter

KÖNIGE UND KRIEGE
500–1400

MITTELALTER nennt man den Zeitraum der europäischen Geschichte, der etwa vom Jahr 500 bis 1400 reichte. Er begann mit dem Verfall des Römischen Reichs und endete mit dem Beginn der Renaissance, einer neuen kulturellen Blütezeit in Europa.

DAS MITTELALTER war ein Zeitalter der Kriege. Dabei ging es oft nur darum, Land zu erobern. Aber bei vielen Auseinandersetzungen handelte es sich auch um Religionskriege zwischen Völkern verschiedenen Glaubens – die Religion beherrschte im Mittelalter das Leben der meisten Menschen. Zur gleichen Zeit war die chinesische Kultur in ihrer Entwicklung der übrigen Welt

6. Jh.	529	600	ca. 610	700	732	751	793	800	802
Blütezeit des Oströmischen Reichs.	Das Kloster Montecassino (Italien) wird gegründet.	Teotihuacán-Kultur in Mexiko.	Der Prophet Mohammed beginnt, in Arabien zu predigen.	Blütezeit der Maya-Kultur.	Die Schlacht von Poitiers stoppt das Vordringen der Muslime in Europa.	Gründung der Karolinger-Dynastie durch Pippin III.	Beginn der Wikingerüberfälle auf England.	Karl der Große wird zum Kaiser des Heiligen Römischen Reichs gekrönt.	Gründung des Khmer-Reichs in Südostasien.

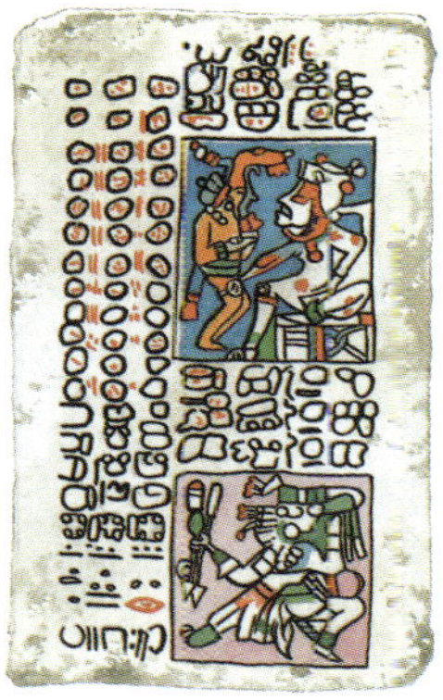

weit voraus. Und in Afrika und Amerika entstanden starke, gut organisierte Reiche, die auf Handel gegründet waren. Seit dem späten 7. Jahrhundert breitete sich der Islam von Arabien über den ganzen Orient und bis nach Nordafrika und Spanien aus und gab einer riesigen Region ein neues Gesicht.

Im Mittelalter führten die einfachen Leute ein schlichtes Leben als Bauern in Dörfern oder als Handwerker in der Stadt. Viele wohnten in selbst gebauten Häusern, trugen selbst gefertigte Kleidung und aßen selbst angebaute Nahrung. Die Ärmeren waren den örtlichen Grundbesitzern oder Fürsten untertan, die ihrerseits einem mächtigeren König oder Kaiser dienten. Die Herrscher ließen gewaltige Burgen und Paläste, Tempel und Kathedralen errichten – die Fertigstellung dauerte oft viele Jahre, manchmal sogar Jahrhunderte.

Weite Reisen unternahmen nur wenige. In fremde Länder wagten sich vor allem Händler, Soldaten und kühne Entdeckungsreisende, die Berichte über ihre Erlebnisse schrieben. Doch konnten im Mittelalter nur wenige Menschen lesen und schreiben. Das meiste Wissen wurde mündlich weitergegeben. In Europa waren die Klöster Zentren der Bildung, während im Orient die Chinesen und die Araber auf den Gebieten der Wissenschaft, Technik, Medizin und Astronomie wegweisend waren.

900	ca. 1000	1066	1096–1270	1150	1206	1271	14. Jh.	1325	1348–1350
Aufstieg der Tolteken in Mexiko und des Ghana-Reichs in Afrika.	Die Wikinger landen in Nordamerika.	England wird von den Normannen erobert.	Acht europäische Kreuzzüge ins Heilige Land.	Vollendung des Tempels Angkor Wat in Kambodscha.	Dschingis Khan wird Herrscher der Mongolen.	Marco Polo reist von Venedig nach China.	Langwierige Bürgerkriege in Japan.	Die Azteken gründen ihre Hauptstadt Tenochtitlán.	Die Pest wütet in Europa.

Byzanz

ÜBER 500 Jahre hindurch prägte das Römische Reich die Geschicke einer gewaltigen Region. Doch im Jahr 476 wurde sein westlicher Teil von germanischen Stämmen überrannt und zerfiel, während das Oströmische oder Byzantinische Reich jetzt erst zu seiner vollen Blüte gelangte.

Die prachtvolle Kirche Hagia Sophia in Byzanz (Istanbul), heute ein Museum, wurde 537 endgültig fertig gestellt. Später verwandelten die islamischen Eroberer sie in eine Moschee.

Zentrum des Byzantinischen (Oströmischen) Reichs war die altgriechische Hafenstadt Byzanz oder Byzantion (das heutige Istanbul in der Türkei). Vom ersten byzantinischen Kaiser Konstantin in Konstantinopel umbenannt, wurde sie Sitz der oströmischen Kaiser und Zentrum der christlichen Ostkirchen. Das Byzantinische Reich bewahrte und überlieferte die griechische und römische Kunst und Kultur. Byzantinische Kirchen wie die Hagia Sophia waren mit aufwändigen Fresken und Mosaikbildern aus hunderten von Glas- oder Steinplättchen geschmückt.

Konstantin der Große (274–337) war Roms erster christlicher Kaiser. Er verlegte die Hauptstadt des Reichs von Rom nach Byzanz und taufte die Stadt in Konstantinopel um.

Byzanz erreichte den Zenit seiner Macht im 6. Jahrhundert unter Kaiser Justinian und dessen General Belisar. Das Reich umfasste damals Italien, Griechenland, die Türkei, Teile von Spanien, Nordafrika und Ägypten.

Beim Wagenrennen ging es um Sport und um Politik. Im Hippodrom feuerten die Zuschauer die Blauen oder die Grünen an – die im Dienst der einen oder anderen politischen Gruppe standen.

330	408	445–448	476	ca. 500	527–565	668
Konstantinopel wird Hauptstadt des Römischen Reichs.	Kaiser Theodosius beginnt mit dem Bau einer großen Mauer zum Schutz Konstantinopels.	Attila der Hunne greift an, zieht aber gegen Tributzahlung wieder ab.	Untergang des Weströmischen Reichs.	Beginn einer langen Folge von Kriegen mit Persien.	Herrschaft von Kaiser Justinian I.	Eine arabische Belagerung Konstantinopels wird abgewehrt.

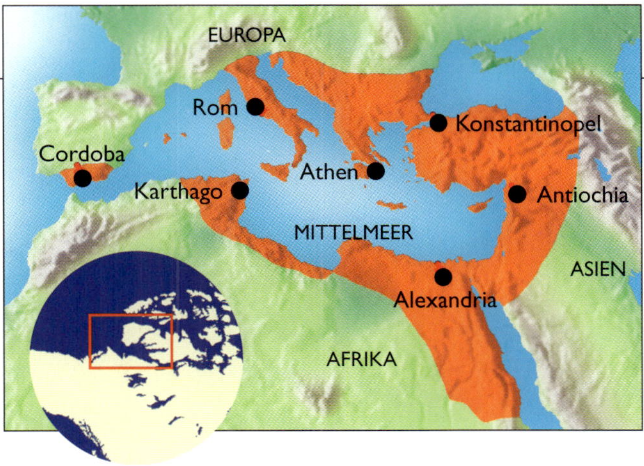

Das Byzantinische (Oströmische) Reich auf dem Höhepunkt seiner Macht im 6. Jahrhundert. Es reichte vom östlichen Mittelmeer bis nach Südspanien.

Justinians einflussreiche Gemahlin Theodora regierte resolut mit. Die Gesetzessammlungen des Kaisers wurden später Grundlage der Rechtssysteme vieler europäischer Länder. Das geschäftige Konstantinopel war Knotenpunkt des Handels mit fernen Ländern wie Spanien, China und Russland. Zugleich ließen Angreifer aus dem Osten – Awaren, Slawen und Bulgaren – das letzte Römische Reich nicht zur Ruhe kommen. Es konnte sich aber bis zum Jahr 1453 behaupten, ehe es von den Türken endgültig überrannt wurde.

Im 6. Jahrhundert schufen byzantinische Künstler im italienischen Ravenna dieses Mosaikbild der Heiligen Drei Könige, die Jesus huldigen.

10. Jh.	1054	1081	1200	1204	1341–1354	1453
In einem zweiten „Goldenen Zeitalter“ bringt Byzanz den Balkan und Russland unter seinen Einfluss.	Die christliche Kirche in Konstantinopel bricht mit der römischen Kirche.	Alexios I. Komnenos ergreift die Macht und reformiert die Verwaltung.	Das Byzantinische Reich beginnt unter dem Ansturm der Türken und Bulgaren zu zerfallen.	Kreuzfahrer plündern Konstantinopel.	Bürgerkrieg im Byzantinischen Reich.	Die Türken erobern Konstantinopel – damit endet das Byzantinische Reich.

Die Franken

DIE FRANKEN setzten sich als stärkste unter all den westeuropäischen Völkern durch, die nach dem Untergang des Römischen Reichs im Jahr 476 um Land und Macht rangen.

UNTER IHREM ERSTEN großen Anführer, Chlodwig, drangen die Franken aus ihrer Heimat am Niederrhein (im heutigen Deutschland) nach Westen vor. Sie bekämpften ihre Nachbarn, u. a. die Westgoten und Burgunder, bis sie um 540 den größten Teil der einstigen römischen Provinz Gallien (das heutige Frankreich, das nach ihnen benannt ist) erobert hatten.

Chlodwig räumte rivalisierende Bruderkönige aus dem Weg, um alle Frankenstämme unter seine Herrschaft zu bringen. Er begründete die Dynastie der Merowinger – benannt nach seinem Großvater Merowech. Chlodwig trat zum Christentum über und regierte von Paris aus, während Bischöfe und Adelige sein Reich verwalteten. Sie erhielten Ländereien, die von Bauern bewirtschaftet wurden.

Die kriegerischen fränkischen Fürsten befehdeten sich ständig, um ihre Liegenschaften zu vergrößern. Um in die Schlacht zu ziehen, brauchten sie Gefolgsleute für den Kriegsdienst. Diese erhielten als Gegenleistung Land. Das war der Beginn des Lehnswesens oder Feudalismus. Die führenden Familien wetteiferten um die Gunst des Königs.

Diese Elfenbeinschnitzerei zeigt Gregor den Großen, Papst von 590 bis 604. Seit Chlodwigs Zeiten waren die Franken Christen.

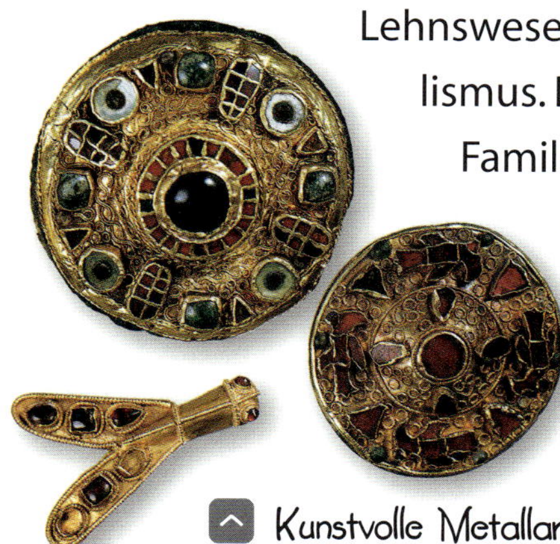

Kunstvolle Metallarbeiten aus fränkischer Zeit. Diese Goldschnallen mit Emailverzierung stammen aus dem 6.–7. Jahrhundert und wurden sicher von reichen Adeligen getragen.

256
Die Franken fallen über den römischen Limes hinweg nach Gallien ein.

356
Eroberung römischer Siedlungen am Rhein (u. a. Xanten, Köln, Bonn) durch die Franken.

406
Die Franken lassen sich am nördlichen linken Rheinufer nieder.

451
Westgoten und Römer besiegen Attila auf den Katalaunischen Feldern im heutigen Frankreich.

ca. 466
Geburt Chlodwigs, der 481 König der Franken wird.

486
Franken schlagen die letzte große weströmische Armee in der Schlacht von Soissons.

Die Franken waren Bauern. Sie bestellten ihre Felder mithilfe von Räderpflügen, die von Ochsen gezogen wurden. Ochsen sind zwar langsamer, dafür aber stärker als Pferde.

Ein fränkisches Steinmonument, vielleicht ein Grabstein. Es zeigt einen Krieger mit langem Breitschwert, der bevorzugten Waffe der Franken.

Im 7. Jahrhundert kämpften zwei Sippen um die Macht. Die Austrier verdrängten die Neustrier, und ihr Oberhaupt, Pippin von Heristal, begründete ein neues Herrscherhaus. Pippins Sohn Karl Martell (der Hammer) setzte in einer historischen Schlacht 732 bei Poitiers dem Vordringen des Islam nach Mitteleuropa ein Ende. Martells Sohn, Pippin der Jüngere, begründete die neue Dynastie der Karolinger. 751 wurde er als erster fränkischer Fürst vom Papst zum König gesalbt. Der bedeutendste aller fränkischen Herrscher war jedoch Pippins Sohn, Karl der Große.

Die fränkischen Krieger ritten mit geschorenen Köpfen und geknoteter Haarkrone sowie mit leichten Kettenhemden gewappnet in die Schlacht. Sie waren ausgezeichnete Kämpfer zu Pferd und wurden mit Anteilen an der Beute belohnt. Fränkische Armeen besiegten die Römer, Gallier und Westgoten, die ihr Vordringen aufzuhalten suchten.

496 Chlodwig besiegt die Alemannen an der Seine.

507 Die Franken besiegen die Westgoten.

511 Tod Chlodwigs.

540 Franken beherrschen fast ganz Gallien und Teile des heutigen Deutschlands.

687 Pippin von Heristal wird durch den Sieg von Tertry mächtigster fränkischer Herrscher.

732 Karl Martell besiegt eine arabische Armee in der Schlacht von Poitiers.

751 Der letzte Merowinger, Childerich III., wird abgesetzt. Pippin der Jüngere (Vater Karls des Großen) wird König.

Der Aufstieg des Islam

DIE NEUE Religion, die der Prophet Mohammed im 7. Jahrhundert begründete, veränderte den Lauf der Geschichte. Seine Anhänger verbreiteten den Islam durch Eroberungen. Schon im 8. Jahrhundert beherrschten Muslime (die Anhänger des Islam) den größten Teil des Orients und Nordafrikas.

Der Felsendom in Jerusalem. Die Muslime glauben, dass Mohammed von dem Fels darunter in den Himmel aufgefahren sei, um mit Allah zu sprechen, ehe er auf Erden den Islam verkündete.

VOR MOHAMMED waren die Völker Arabiens völlig zersplittert. Verschiedene Stämme verehrten unterschiedliche Götter. Mohammed war Kaufmann im arabischen Mekka. Im Alter von etwa 40 Jahren begann er, den Glauben an einen einzigen Gott zu predigen, nachdem ihm im Traum ein Engel verkündet hatte, er sei der Prophet Allahs. Die neue Religion wurde Islam genannt, was „Ergebung in Gottes Willen" bedeutet.

Muslimische Himmelskarte eines Sternbilds. Die muslimischen Astronomen studierten die Sterne und nutzten viele Erkenntnisse der alten Griechen über das Universum.

Mohammed musste Mekka allerdings verlassen, weil die Bevölkerung seine Lehren ablehnte. Seine Flucht nach Jathrib (heute Medina) im Jahr 622 nennt man die „Hedschra" – mit ihr beginnt die islamische Zeitrechnung. In Medina erbauten Mohammed und seine Anhänger die erste Moschee. Seine Lehren und Offenbarungen wurden im Koran aufgezeichnet, dem heiligen Buch des Islam. 630 eroberten Mohammeds Anhänger Mekka, und der Islam wurde zu Arabiens neuer Religion.

570	610	622	625	630	632	634	644
Wahrscheinliches Geburtsjahr von Mohammed.	Mohammed beginnt, in Mekka zu predigen.	Mohammeds Flucht nach Jathrib (heute Medina).	Im Koran werden Mohammeds Lehren aufgezeichnet.	Mohammed führt eine Armee nach Mekka.	Mohammed stirbt. Abu Bakr wird erster Kalif.	Omar wird zweiter Kalif.	Othman (Oberhaupt der Omaijaden) wird dritter Kalif.

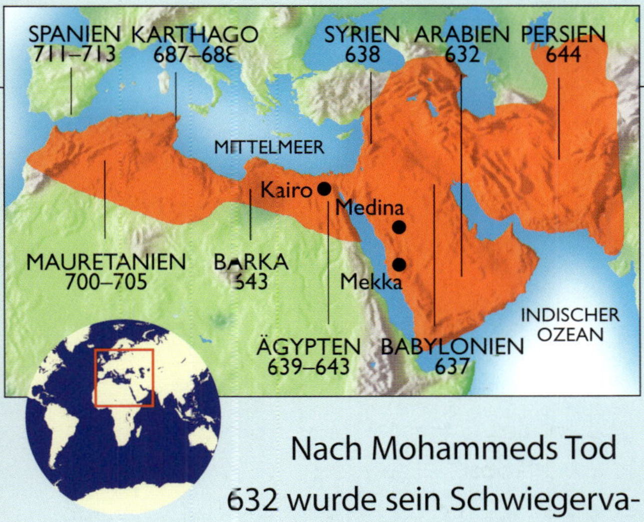

Diese Karte zeigt, wie rasch sich der Islam von Arabien aus westwärts bis nach Spanien hinein ausbreitete.

Nach Mohammeds Tod 632 wurde sein Schwiegervater Abu Bakr zum ersten Kalifen (Nachfolger) gewählt. Die Schiiten jedoch meinten, dass nur Nachkommen von Mohammeds Tochter Fatima Nachfolger des Propheten sein dürften, während die Sunniten dieses Amt jedem Muslim zugestanden – beide Gruppen sind bis heute verfeindet.

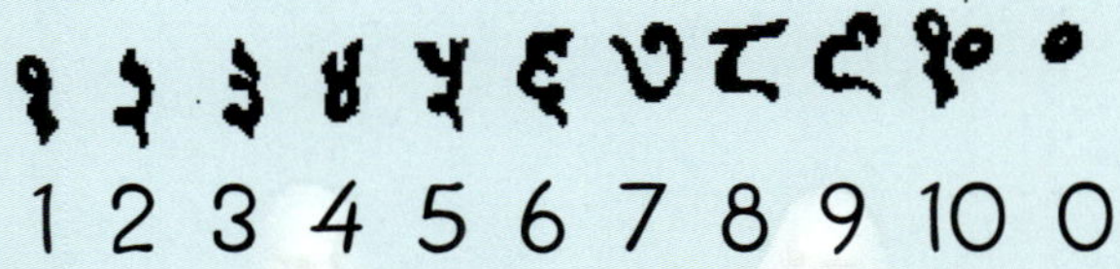

Die arabischen Ziffern (untere Reihe) entwickelten sich aus Hindu-Ziffern (oben). Sie waren praktischer als das römische Zahlensystem.

Bis 644 hatten die Araber fast ganz Syrien, Palästina und Persien erobert. Ab 661 regierte die Dynastie der Omaijaden das wachsende Reich von ihrer Hauptstadt Damaskus in Syrien aus. Der islamische Vorstoß nach Europa wurde 732 durch die fränkische Armee von Karl Martell aufgehalten. 762 verlegte die neue Dynastie der Abbasiden die Hauptstadt des Reichs nach Bagdad (im heutigen Irak). Diese Stadt wurde zum Zentrum der islamischen Welt.

Mekka, die Stadt in Saudi-Arabien, der sich alle Muslime beim Beten zuwenden, zieht noch immer Jahr für Jahr Millionen von Pilgern an. Sie umkreisen die Kaaba, einen Schrein, der den schwarzen Meteorstein birgt, den Abraham vom Engel Gabriel erhalten haben soll.

Harun al-Raschid (766–809) war von 786 an Kalif. Unter seiner Herrschaft erreichte die Macht der Abbasiden-Dynastie ihren Höhepunkt.

656	660	732	750	756
Schiiten-Führer Ali wird vierter Kalif.	Die Hauptstadt des Islam wird von Mekka nach Damaskus verlegt.	Die Omaijaden dringen von Spanien aus nach Frankreich vor. Die Franken unter Karl Martell schlagen sie zurück.	Gründung der Abbasiden-Dynastie durch Abul Abbas.	Der letzte Omaijaden-Prinz flieht von Damaskus nach Cordoba, Spanien.

Die Maya

DIE Maya-Völker lebten in Mittelamerika. Ihre Kultur hatte über 700 Jahre Bestand. Sie erbauten große Städte mit prachtvollen Tempeln, die heute noch zu besichtigen sind.

Von einem Maya-Künstler gefertigte Maske aus Jade, einem kostbaren Mineral. Ein Großteil der Maya-Kunst war religiös motiviert. Diese Maske wurde vielleicht von einem Priester bei einer Zeremonie getragen.

DIE MAYA befanden sich von ca. 200 bis 900 n. Chr. auf dem Höhepunkt ihrer Macht. Ihre Kultur bestand aber bis zur Eroberung durch die Spanier im frühen 16. Jahrhundert fort. Sie lebten in gut organisierten, politisch unabhängigen Stadtstaaten. Deren Herrscher führten oft Krieg gegen benachbarte Stadtstaaten. Sie kontrollierten den Handel mit Obsidian, Kakao, Baumwolle und anderen Waren – wie den bunten Federn, aus denen man Kopfschmuck herstellte. Auf dem Land baute man

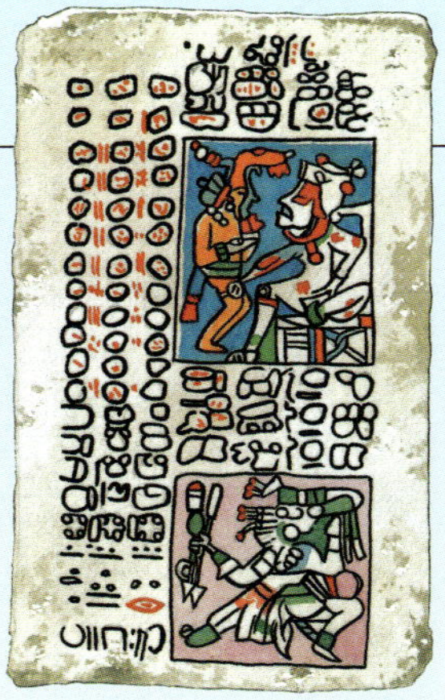

Der sehr exakte Kalender der Maya. Ihr mathematisches System beruhte auf der Zahl 20. Der Bauernkalender umfasste 18 Monate zu je 20 Tagen.

Bohnen, Mais und Kürbisse an. Die Maya züchteten Truthühner und Bienen, hielten aber außer Hunden keine Haus- oder Nutztiere. Die einzigen Räderfahrzeuge waren Spielzeugkarren.

Die größte Maya-Stadt war Tikal im heutigen Guatemala mit 60 000 Einwohnern. Menschenmassen drängten sich auf den

3372 v. Chr. Erstes Datum im Maya-Kalender.

400 v. Chr. Die Maya haben bereits mehrere große Tempelpyramiden, z. B. die von Tikal in Guatemala, errichtet.

300 n. Chr. Beginn der klassischen Zeit der Maya-Kultur. Die Maya nehmen einige Einflüsse der Bevölkerung von Teotihuacán auf.

großen Plätzen um die Tempelpyramiden und verfolgten die Zeremonien der Priester, die den Himmel studierten, um Mond- und Sonnenfinsternisse vorherzusagen. Mit zahlreichen Opfern bemühten sich die Maya um die Gunst ihrer Götter. Meist opferten sie Tiere, aber sie stürzten auch Menschen in heilige

◀ Die Maya lebten im Osten des heutigen Mexiko. Es gab rund 50 Staaten, jeder davon mit eigenem Herrscher und einer heiligen Stadt, so z. B. Chichén Itzá, Tikal und Copán.

Brunnen. Die Maya entwickelten die erste Schrift in Amerika. Für ihre Faltbücher beschrieben sie Seiten aus Baumrinde; drei dieser Bücher sind noch erhalten. Außerdem stellten sie hohe, gemeißelte Steinsäulen auf, um an wichtige Daten und Ereignisse zu erinnern. Viele Menschen in Mexiko sprechen heute noch Maya-Sprachen.

▼ Ein Maya-Fürst hält Einzug in seine Stadt. Jeder Stadtfürst war ein Gottkönig. Die Menschen zollten ihm Tribut in Form von Geschenken, Nahrung und Arbeitsleistungen.

ca. 700	ca. 900	900	990	ca. 1250	1440	1517
Maya-Städte auf dem Höhepunkt ihres Reichtums.	Niedergang der Maya-Kultur. Die Völker wandern ins Hochland von Mexiko und Guatemala ab.	Chichén Itzá ist die wichtigste Maya-Stadt. Sie wird von einem Rat regiert.	Die Tolteken besetzen Chichén Itzá.	Neue Blüte der Maya-Kultur. Wichtigste Stadt ist nun Mayapán.	Aufstand gegen die Fürsten von Mayapán. Kriege zwischen den Städten schwächen die Einheit der Maya.	Beginnende Eroberung der Maya-Gebiete durch die Spanier.

Karl der Große

KARL I., König der Franken, ist allgemein als Karl der Große, Charlemagne oder Carolus Magnus bekannt. Er begründete das Heilige Römische Reich und wurde von vielen Menschen als „idealer Herrscher" betrachtet.

KARL DER GROSSE wurde 742 geboren. Sein Vater war König Pippin III., Sohn des berühmten Kriegers Karl Martell und Begründer der neuen fränkischen Herrscherdynastie, die man später nach Karl dem Großen die Karolinger nannte. Pippin starb 768 und hinterließ sein Reich seinen Söhnen Karlmann und Karl. Karlmann starb jedoch bald, womit Karl Alleinherrscher über das Frankenreich wurde.

Karl, ein sehr hoch gewachsener und von seiner Berufung überzeugter Mann, hatte von seinem Vater, einem hartgesottenen Kämpfer, viel gelernt. Er führte seine Armeen aus dem fränkischen Mutterland in Gebiete des heutigen Ostdeutschlands und Italiens und noch darüber hinaus. Besiegte Nichtchristen wie die Sachsen in Deutschland und die Awaren in Ungarn zwang er, sich zum Christentum zu bekehren und an Massentaufen teilzunehmen.

Doch Karl der Große führte nicht nur Kriege. Er lernte, Latein zu lesen, und schätzte die Gelehrsamkeit. Seine Hauptstadt Aachen war das glanzvolle

742 Wahrscheinliches Geburtsjahr Karls des Großen.

768 Pippin III. (der Jüngere), Vater Karls des Großen, stirbt.

771 Karl der Große wird Herrscher der Franken.

772 Karl der Große zieht gegen die Sachsen in den Krieg und bekehrt sie zum Christentum.

774 Karl der Große macht die Lombardei (Italien) zu einem Teil seines Reichs.

778 Karl kämpft in Spanien gegen die Muslime. Seine Armee wird bei Roncesvalles von Basken angegriffen (Rolandslied).

Das Reich Karls des Großen bestand zunächst aus Austrien (Frankreich und Deutschland), das er bis 771 von seinem Vater Pippin und seinem Bruder Karlmann erbte (orange). Bald darauf erreichte das Frankenreich seine größte Ausdehnung (orange und rot).

Zentrum seines Reichs – mit prächtigem Palast und beheiztem Schwimmbad. Er selbst allerdings führte ein eher einfaches Leben. Gern ließ er sich Bücher vorlesen und lud berühmte Gelehrte wie den Briten Alkuin von York an seinen Hof.

Karls Stellung als Europas mächtigster Herrscher wurde im Jahr 800 dadurch anerkannt, dass der Papst ihn zum Römischen Kaiser krönte. Nach seinem Tod 814 wurde das Heilige Römische Reich durch zahlreiche Angriffe geschwächt und bald zwischen seinen drei Enkeln aufgeteilt. In der einen oder anderen Form überdauerte es aber bis 1806.

Nach dem Tod Karls des Großen rankten sich viele Sagen um ihn. Ein Scharmützel aus seinem Spanienfeldzug von 778 wurde zum Thema des Rolandslieds, eines mittelalterlichen französischen Heldenepos.

Das Grabmal Karls des Großen in der Kaiserstadt Aachen datiert von 1215. Es ist mit Gold und Edelsteinen geschmückt. Den Künstlern, die es 400 Jahre nach Karls Tod schufen, standen nur schriftliche Beschreibungen seines Äußeren, aber kein Bildnis seiner Person zur Verfügung.

Die eiserne Lanze der Kaiser des Heiligen Römischen Reichs war Machtsymbol und Reliquie zugleich. Das Goldblech um ihre Spitze bedeckt einen Nagel, der vom Kreuz Christi stammen soll.

788
Kriege gegen Lombarden, Bayern, Awaren, Bretonen u. a.

800
Karl der Große wird von Papst Leo III. zum Römischen Kaiser gekrönt.

804
Der letzte von 18 Sachsenfeldzügen.

808
Karl der Große kämpft gegen die Dänen.

814
Karl der Große stirbt. Nachfolger wird sein Sohn, Ludwig der Fromme.

817
Das Reich wird zwischen Ludwigs Söhnen aufgeteilt.

Die Wikinger

DIE WIKINGER waren große Seefahrer. Sie stachen von Skandinavien (Norwegen, Schweden und Dänemark) in See und fuhren bis nach Grönland, England, ins Mittelmeer und ins Schwarze Meer. Nicht alle kamen als Plünderer, viele waren friedliche Bauern und Händler.

Die Wikingerbauern fertigten Werkzeug, Kleidung, Möbel und Handelswaren für den Markt. Gebräuchliche Materialien waren Holz, Walrosszähne, Geweihe, Leder, Ton, Knochen und Eisen.

SKANDINAVIEN, die Heimat der Wikinger, war ein Land mit Bergen und Wäldern, aber arm an gutem Ackerland. Die meisten Wikinger lebten in Küstennähe, wo sie kleine Felder mit Roggen, Gerste, Weizen und Hafer bestellten und Gemüse wie Rüben und Karotten zogen. Sie hielten Rinder und Schafe und fischten in den Flüssen und Fjorden. Händler reisten zu Pferd oder mit dem Boot zu den Marktstädten wie Hedeby

Viele Wikinger lebten auf kleinen Gehöften, oft in Fluss- oder Küstennähe. Sie bauten Getreide und Gemüse an und hielten Schweine, Kühe, Ziegen und Schafe. Die Frauen trugen Kleider aus Leinen und mit Spangen zusammengehaltene Wollumhänge.

spätes 8. Jh.	841	850	ca. 860	ca. 861	862	874	10. Jh.
Gründung der Handelsstadt Hedeby in Dänemark.	Wikinger besetzen Dublin an der irischen Ostküste.	Jahr der Bootsbeisetzung von Oseberg am norwegischen Oslofjord – ein Wikingergrab mit prächtigen Grabbeigaben.	Wikinger besiedeln die östliche Ostseeküste und herrschen über Nowgorod in Russland.	Ingolf erreicht als erster Wikinger Island.	Slawen und Finnen in Nordrussland „berufen“ Wikinger zu Herrschern.	Die ersten Wikinger besiedeln Island.	Wikingerhändler besuchen Konstantinopel, das sie Miklagaard nennen.

DAS THING

Das Thing war die Gerichtsversammlung der Wikinger. Hierzu kam die Bevölkerung einer Region einmal im Jahr für mehrere Tage zusammen. Jeder Freie konnte beim Thing eine Klage vorbringen. Seine Nachbarn hörten sich die Sache an und fällten ein Urteil. Wer dem Spruch des Thing nicht gehorchte, wurde vogelfrei und durfte von jedem getötet werden.

in Dänemark, um Pelze, Rentiergeweihe und Walrosszähne gegen Waffen, Schmuck und Töpferwaren einzutauschen.

Die Wikingerfamilien lebten in Häusern, die aus Holz, Stein oder Grassoden gebaut waren. Als Rauchabzug der zentralen Feuerstelle diente eine Öffnung im Dach.

Man saß um das Feuer herum, um gemeinsam herzhafte Mahlzeiten zu essen, mit Würfeln zu spielen und einander Geschichten zu erzählen. Die Wikinger liebten Geschichten, vor allem solche über ihre Helden und Götter. Ihr wichtigster Gott war Odin, ein weiser Einäugiger, am beliebtesten war aber der Donnergott Thor, dessen Symbol der Hammer war. Sportarten wie Ringen, Pferdekämpfe und Schlittschuhlaufen waren sehr beliebt.

Die Wikingerbauern hielten sich oft Unfreie (Sklaven) als Hilfskräfte für die Arbeit, aber die meisten Männer waren Karle (Freie). Von einem reichen Jarl oder Gutsbesitzer wurde erwartet, dass er seinen Reichtum mit seinen Gefolgsleuten teilte und sie in seiner Halle üppig bewirtete. Als die Bevölkerung weiter wuchs, wurde das Ackerland immer knapper. Ab dem späten 8. Jahrhundert machten sich die Wikingerhäuptlinge und ihre Krieger fernab von der Heimat auf die Suche nach besserem Land und lohnender Beute.

960	984	ca. 1000	1000	1030	12. Jh.
König Harald Blauzahn von Dänemark wird Christ.	Erik der Rote erreicht Grönland und gründet eine Siedlung.	Eriks Sohn Leif Eriksson erreicht „Vinland“ (Nordamerika).	Jorvik (York) in England hat 10 000 Einwohner.	Norwegen wird unter der Herrschaft Olafs des Heiligen christlich.	Die Schweden geben als letzte Wikinger ihren alten Glauben auf und bekehren sich zum Christentum.

Die Kreuzzüge

FÜR DIE europäischen Christen waren die Kreuzzüge heilige Kriege im Dienste der Kirche, die zugleich reiche Beute versprachen. Über 200 Jahre kämpften christliche und muslimische Armeen um die Herrschaft über das Heilige Land, das Gebiet rund um Jerusalem.

Die Reise ins Heilige Land war lang. Die Kreuzfahrer waren vielen Gefahren ausgesetzt, während sie sich durch unwirtliches Gelände kämpften.

VIELE CHRISTLICHE PILGER besuchten Jerusalem, das für Juden, Muslime und Christen eine heilige Stadt war. Doch Jerusalem stand unter der Herrschaft muslimischer Türken, die den christlichen Pilgern 1095 das Betreten der Stadt verboten. Dies erzürnte die Westkirche in Rom ebenso wie die Ostkirche in Konstantinopel. Von Rom aus rief Papst Urban II. die Christen auf, Jerusalem zu befreien, und löste so den ersten Kreuzzug aus. 1096 zog eine europäische Streitmacht gemeinsam mit einer Armee aus Konstantinopel ins Heilige Land. Ihre Anführer wurden von religiösem Eifer

Um eine Burg zu erobern, belagerten die Soldaten sie oft monatelang. Sie versuchten, Tore einzurammen und Mauern zu sprengen, während sie von innen mit Wurfgeschossen u. Ä. bombardiert wurden.

1096	1099	1147	1187	1189	1191	1202
1. Kreuzzug nach Aufruf von Papst Urban II. Peter von Amiens führt eine Bauernarmee quer durch Europa.	Kreuzritter besiegen die Türken und erobern Jerusalem.	2. Kreuzzug. Deutsche und französische Armeen werden geschlagen.	Sultan Saladin nimmt Jerusalem ein.	3. Kreuzzug unter Führung von Friedrich I. Barbarossa, Philipp II. von Frankreich und Richard I. Löwenherz von England.	Kreuzfahrer erobern die Hafenstadt Akkon in Palästina.	4. Kreuzzug mit Ziel Ägypten.

Sultan Saladin (1138–1193) eroberte Jerusalem, schloss aber 1192 einen Vertrag mit Richard Löwenherz, der christlichen Pilgern Zutritt zur Stadt gewährte.

getrieben, aber auch von dem Wunsch, Land und Reichtümer zu gewinnen. Innerhalb von drei Jahren eroberten sie Jerusalem und gründeten mehrere christliche Fürstentümer in Palästina. An diesen Erfolg konnte keiner der weiteren sechs Kreuzzüge anschließen.

Um die Kreuzzüge ranken sich viele Legenden von Tapferkeit und Ehre auf beiden Seiten. Doch es gab auch große Katastrophen. Noch vor Beginn des ersten Kreuzzugs wanderte in einem „Volkskreuzzug" eine Bauernarmee durch Europa, die von den Türken vernichtet wurde. Und 1204 machte das Christenheer beim vierten Kreuzzug einen Abstecher nach Konstantinopel, um die Stadt zu plündern.

Die Christen gewannen das Heilige Land nie zurück. Doch lernten sie durch den Kontakt mit dem Orient die dortige Wissenschaft, Esskultur und Medizin kennen.

Die Kreuzfahrer fanden das Klima im Heiligen Land ungewohnt heiß und lernten bald, so wie die muslimischen Soldaten leichte, lockere Gewänder über ihrer Rüstung zu tragen.

DER KINDERKREUZZUG VON 1212

Von zwei Jungen aufgerufen, machten sich rund 50 000 Kinder in zwei Gruppen, eine aus Frankreich, die andere aus Deutschland, auf den Weg ins Heilige Land. Viele starben unterwegs oder wurden als Sklaven nach Nordafrika verkauft.

Transportschiffe wurden mit Soldaten und Ausrüstung für die Kreuzzüge beladen. Ritterorden wie der mächtige Templerorden beschützten christliche Pilger.

1204	1228	1229	1244	1248	1270	1291
Kreuzritter plündern Konstantinopel.	5. Kreuzzug. Kreuzritter kämpfen gegen den Sultan von Ägypten.	5. Kreuzzug endet mit Übergabe Jerusalems durch die Muslime.	Muslime erobern Jerusalem zurück.	6. Kreuzzug unter Ludwig IX. (dem Heiligen) von Frankreich.	7. Kreuzzug ebenfalls unter Ludwig. Er und viele seiner Männer sterben in Tunis an einer Seuche.	Akkon, die letzte Festung der Kreuzritter, fällt.

Die Stadt im Mittelalter

DIE europäischen Städte des Mittelalters waren tagsüber laut und voller Gedränge, nachts dunkel und still. Die Ruhe wurde nur von Nachtwächtern unterbrochen. Kirchen, Zünfte, Märkte und Jahrmärkte zogen die Menschen in die Städte.

Französische Handwerker und Händler in ihren Läden. Schneider verarbeiten farbenprächtige Stoffe, während ein Krämer seine bunten Auslagen arrangiert. Weiter hinten rasiert ein Barbier einen Kunden.

IN EINER MITTELALTERLICHEN Stadt musste man aufpassen, wohin man trat, da die Bewohner allen Abfall auf die schlammigen Straßen warfen. Aus offenen Abflussrinnen drangen üble Gerüche. Wasser schöpfte man aus dem städtischen Brunnen, oder man kaufte es von einem Wasserverkäufer in der Hoffnung, dass es sauber sei. Schweine und Hühner liefen aus ihren Gehegen auf die Straße. Die Häuser standen eng zusammen, wobei die oberen Stockwerke oft über die Straße ragten. Da sie meist aus Holz gebaut waren, gerieten sie leicht in Brand. Das Abendläuten erinnerte daran, die Herdfeuer abzudecken oder zu löschen.

Viele Häuser beherbergten auch Werkstätten und Läden. Handwerker und Kaufleute bildeten Vereini-

Die Glasmalereien der Kirchenfenster erzählen ganze Bibelgeschichten in Bildern. Da viele Gläubige nicht lesen konnten, erfuhren sie so etwas über die christliche Lehre.

1136
Ein Brand zerstört viele der alten, strohgedeckten Häuser in London.

1163
Baubeginn der Kathedrale Notre-Dame in Paris, das im Jahr 1210 gepflasterte Straßen, Mauern und 24 Tore aufweist.

13. Jh.
Gründung vieler neuer Städte in Europa. Entwicklung von Stadtstaaten in Italien und Deutschland.

1224
Universitätsgründung in Neapel.

GELDGESCHÄFTE

Europäische Händler führten meist Silbergeld bei sich, die Araber bevorzugten Gold. Mit Zunahme des internationalen Handels gründeten italienische Kaufleute die ersten Banken, die schriftliche Wechsel anstelle schwerer Geldsäcke zur Bezahlung von Waren ausstellten.

gungen, die Zünfte oder Gilden, um ihre Interessen wahrzunehmen. Sie organisierten auch Umzüge und Festspiele in den Straßen. Manche Städte waren berühmt für ihre Jahrmärkte, die nicht nur Händler aus ganz Europa, sondern auch Gaukler, Quacksalber und Taschendiebe anzogen.

In den Städten gab es Arbeit beim Bau von Kathedralen, Kirchen und Befestigungen. Große Handelsstädte wie Hamburg, Antwerpen und London wurden reich durch den Kauf und Verkauf von Wolle und anderen Waren. Nordeuropäische Hafenstädte gründeten den Hansebund, um Piraten zu bekämpfen, den Handel zu fördern und die Konkurrenz auszuschalten.

Markttag in der Stadt. Man verkaufte landwirtschaftliche Produkte, besuchte Stände und Läden, schwatzte und trank in den Wirtshäusern. Akrobaten, Schauspieler und Tanzbären unterhielten die Menge.

1248
Grundsteinlegung zum Kölner Dom.

1260
Lübeck und Hamburg gründen einen Handelsbund, die spätere Hanse.

1272
In Berlin wird die erste Bäckerinnung gegründet.

1282
Florenz ist in Europa die wirtschaftlich bedeutendste Stadt.

1377
London hat mindestens 50 Zünfte und Gilden und über 35 000 Einwohner.

15. Jh.
„Moralitäten", d. h. Schauspiele, die den Kampf des Guten gegen das Böse darstellen, werden in Kirchen oder auf der Straße aufgeführt.

Das Mongolenreich

„EHER Ungeheuer als Menschen …", so beschrieb ein englischer Geschichtsschreiber die Mongolen im 13. Jahrhundert. Die Mongolenhorden versetzten weite Teile Asiens und Europas in Furcht und Schrecken und eroberten sich das größte Reich der Geschichte.

Dschingis Khans Reich erstreckte sich von der Donau im Westen bis zum Pazifik im Osten. Seine Hauptstadt war Karakorum.

DIE MONGOLEN lebten in der zentralasiatischen Steppe zwischen dem Ural und der Wüste Gobi. Sie waren Nomaden, die mit ihren Herden umherzogen und in transportablen Zelten (Jurten) wohnten. Ihre Herrscher hießen Khane. 1206 brachte Temudschin alle Stämme unter seine Herrschaft und ließ sich den Titel Dschingis Khan (Herr über alle), verleihen. In einem lebenslangen Feldzug eroberte er sich ein Reich, das vom Pazifik bis zur Donau reichte und u. a. ganz Persien umfasste.

Die Mongolen kämpften am liebsten zu Pferd. Sie lenkten ihre Pferde mit den Füßen und hatten so die Hände frei, um Pfeile abzuschießen und Speere zu schleudern. Einem mongolischen Reiterangriff war kaum standzuhalten.

1206	**1211**	**1215**	**1217**	**1219**	**1224**
Temudschin wird Khan aller Mongolen und nimmt den Namen Dschingis Khan an.	Das Mongolenheer greift China an.	Die Mongolen erobern die chinesische Hauptstadt Peking.	China und Korea von Mongolen beherrscht. Deren neue Hauptstadt ist Karakorum.	Die Mongolen erobern Turkestan.	Mongolenheere fallen in Russland, Polen und Ungarn ein.

Die Mongolen zogen auf der Suche nach frischen Weiden für ihre Schafe, Pferde und Ziegen weit umher. Ihre Filzhütten (Jurten) führten sie auf Ochsenkarren mit.

Die Mongolen setzten ihre Eroberungszüge auch nach dem Tod Dschingis Khans fort. 1237 fiel eine Mongolenarmee unter Batu Khan, einem Enkel Dschingis Khans, in Russland ein.

In Europa verbreitete die Kunde von der Schnelligkeit und Wildheit der Mongolen schiere Panik. Die Mongolen reisten mit fünf Pferden pro Krieger und konnten ausgezeichnet mit Bogen und Lanze umgehen. Sie schlachteten die Bewohner der eroberten Städte ab und schleppten ihre Schätze davon. Erst nach dem Tod ihres Großkhans Ögödei 1241 zogen sich die Mongolen wieder zurück.

Dschingis Khan war ein erbarmungsloser Krieger, sorgte aber in seinem Reich für eine gerechte Ordnung. Der Handel blühte unter seiner Herrschaft.

STUTENMILCH

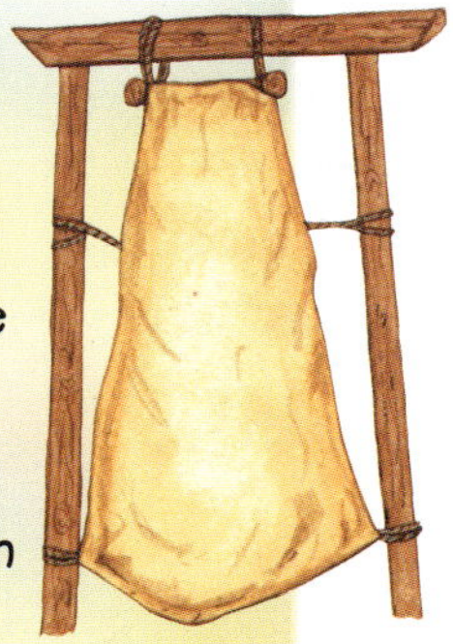

Ihre Pferde waren unentbehrlich für die Mongolen, die frische Stutenmilch tranken, diese aber auch in Lederbeuteln zu einem starken alkoholischen Getränk, dem Kumiss, vergoren. Bei ihren Siegesfeiern tranken sie Kumiss und musizierten auf mit Pferdehaaren bespannten Fideln.

1227
Dschingis Khan stirbt. 1229 wird sein Sohn Ögödei zum neuen Großkhan bestimmt.

1237
Die Mongolengeneräle Batu und Subotei fallen in Nordrussland ein. Ihre Armee wird „Goldene Horde“ genannt.

1241
Ögödei stirbt. Seine Armeen kehren aus Europa heim.

Der Schwarze Tod

DIE PEST, auch Schwarzer Tod genannt, war die schrecklichste Heimsuchung des Mittelalters. Die verheerende Seuche tötete in Europa und Asien viele Millionen Menschen. Ein italienischer Chronist schrieb: „Das ist das Ende der Welt.“

DIE PEST gelangte 1347 von Asien nach Europa. Sie brach in einem mongolischen Heer aus, das auf der Krim (Südrussland) kämpfte. Die Mongolen schleuderten infizierte Leichen mit Katapulten über die Mauern einer von Italienern verteidigten Festung. Als die Italiener nach Genua zurückkehrten, brachten sie die Seuche mit.

Die Beulenpest wurde durch Flöhe von infizierten Ratten auf Menschen übertragen. „Schwarzer Tod“ nannte man sie

1344	1347	1348	1349	1350	1353
Ausbruch der Beulenpest in China und Indien.	Die Pest erreicht das italienische Genua und breitet sich westwärts aus.	Im Sommer erreicht die Seuche die britischen Inseln.	Die Pest greift auch auf Frankreich, Spanien, Deutschland und Russland über.	Die Seuche erfasst Skandinavien.	Die Pest klingt allmählich ab. In Europa sind ihr insgesamt 25 Millionen Menschen erlegen.

Ein Bild aus der Zeit zeigt eine Prozession von Büßern, die sich öffentlich geißeln.

wegen der schwarzen Flecken auf der Haut der Kranken, die außerdem von Beulen in Achselhöhlen und Leiste geplagt wurden und Blut husteten. Viele starben schon am Tag, an dem die Krankheit auftrat. Kein Arzt des Mittelalters wusste, woher die Pest kam oder wie sie zu behandeln war. Viele Christen sahen sie als Strafe Gottes, und manche zogen durch die Straßen und geißelten sich selbst als Buße für die Sünden der Menschheit.

Weder Obrigkeit noch Ärzte konnten etwas gegen die Pest tun. In Panik ließ man die Kranken zum Sterben zurück. Kreuze an den Türen zeigten infizierte Häuser. Die Leichen wurden auf Karren fortgeschafft.

1358	1381	1400
Ein Bauernaufstand in Nordfrankreich wird brutal niedergeschlagen.	Ein Bauernaufstand in England scheitert.	Bis zu dieser Zeit flackert die Pest immer wieder auf.

Die Pest wütete von China bis nach Skandinavien. Die Menschen flohen aus den Städten, doch die Pest folgte ihnen. Sie tötete so viele Menschen (in Europa mindestens 25 Millionen, d.h. ein Drittel der Gesamtbevölkerung), dass zahlreiche Dörfer verlassen waren und Felder verwilderten. Die Kirche verlor viele Priester, die einzigen gebildeten Leute ihrer Zeit. In England etwa kam die Hälfte aller Mönche und Nonnen um, und in einem einzigen Jahr starben drei Erzbischöfe von Canterbury.

Erneute Ausbrüche der Pest bis ins 15. Jahrhundert führten in Europa in Stadt und Land zu einem Mangel an Arbeitskräften, der die Löhne in die Höhe trieb. Unzufriedenheit mit Löhnen und Steuern löste 1358 einen Bauernaufstand in Frankreich aus, dem andere in ganz Europa folgten.

URSACHEN DER PEST

Die Flöhe, die den Krankheitserreger übertragen, leben vorwiegend auf Ratten. Die Ratten gelangten auf Schiffen von Hafen zu Hafen, sodass sich die Pest rasant ausbreiten konnte. Ratten und Flöhe gab es in fast jedem mittelalterlichen Haus. Der Abfall in den Straßen und der Mangel an Hygiene und sanitären Anlagen machten die Städte zu einer idealen Brutstätte für Seuchen. Viele Städte verloren durch die Pest die Hälfte ihrer Bewohner; und manche Dörfer wurden ganz aufgegeben.

Das Zeitalter der Entdeckungen

ENTDECKER UND IMPERIEN 1400–1700

MIT DEM 15. Jahrhundert endet das Mittelalter. In Europa verwandelt das neue Gedankengut der Renaissance und der Reformation das Bild, das die Menschen von sich selbst und der Welt haben, und damit auch ihre Lebensweise.

DREI EREIGNISSE markieren nach der Meinung vieler das Ende des Mittelalters und den Beginn der Neuzeit. Dies sind der Fall Konstantinopels 1453, mit dem die letzten Überreste des altrömischen Reichs verschwanden, die Erfindung des Buchdrucks Mitte des 15. Jahrhunderts, durch den Bücher billiger und für eine breitere Allgemeinheit zugänglich wurden, und die Entdeckung Amerikas durch Christoph Kolumbus 1492.

1464	1492	1497–1498	1500	1501	1517	1519–1522	1526	1535	1543
Aufstieg des Songhai-Reichs in Afrika.	Kolumbus entdeckt den amerikanischen Kontinent.	Vasco da Gama findet einen Seeweg nach Indien.	Höhepunkt der Renaissance in Italien.	Gründung der Safawiden-Dynastie in Persien.	Martin Luther löst mit seinen Thesen die Reformation in Europa aus.	Erste Weltumsegelung durch die Magellan-Expedition.	Babur gründet das indische Mogul-Reich.	Spanien erobert die Reiche der Inka und Azteken.	Kopernikus behauptet, die Sonne sei das Zentrum des Planetensystems.

Das „Zeitalter der Entdeckungen“ war eine Ära, in der die Völker der Welt zunehmend stärker miteinander in Berührung kamen. Die Menschen Amerikas, Afrikas und Asiens hatten mehr Kontakt mit Europa. Die Europäer vergrößerten ihre Macht in der Welt durch Handel, den Einsatz neuer technischer Errungenschaften wie Kanonen und Musketen und durch ihre rastlose Suche nach neuen Ländereien und Reichtümern, die Forscher und Abenteurer über die Weltmeere trieb. Bis zum 17. Jahrhundert hatten mehrere europäische Länder dauerhafte Kolonien in Übersee gegründet.

Neue Ideen kamen auf, die vieles in Frage stellten, und religiöse Zwistigkeiten führten sogar zu Kriegen. Die Entwicklung der Demokratie war von Machtkämpfen zwischen Königen und Parlamenten begleitet. Ab dem 16. Jahrhundert gab es enorme wissenschaftliche Fortschritte wie z. B. die Erfindung des Teleskops und des Mikroskops, die neue Wunder offenbarten und neue Fragen aufwarfen. Wissenschaftler wie Kopernikus, Galileo und Newton fochten althergebrachte Vorstellungen an. Das neue Selbstverständnis begann, die Gesellschaft in ihren Grundfesten zu erschüttern.

1571	1588	1590	1616	1609	1618	1620	1642	1643	1665
Europäische Christen besiegen die muslimischen Osmanen in der Seeschlacht bei Lepanto.	Eroberung Englands durch die spanische Armada scheitert.	Japan wird von Hideyoshi geeint.	Erste bekannte Landung von Europäern in Australien.	Galileo beobachtet Sterne und Planeten durch ein Teleskop.	Beginn des Dreißigjährigen Krieges.	Englische „Pilgerväter“ erreichen auf der Mayflower Amerika.	Beginn des englischen Bürgerkriegs.	Ludwig XIV. wird König von Frankreich.	Isaac Newton enthüllt das Wesen des Lichts.

Die Renaissance

DIE RENAISSANCE war die Zeit der „Wiedergeburt" des Interesses an Kunst und Wissen der vergessenen griechischen und römischen Antike. Viele Historiker betrachten sie als Endpunkt des Mittelalters und Beginn unserer modernen Welt. Von Italien ausgehend verbreitete sie sich im 15. und 16. Jahrhundert in ganz Europa und veränderte nachhaltig das Weltbild der Menschen.

DIE RENAISSANCE ging von italienischen Gelehrten, Künstlern und Wissenschaftlern aus. Sie hatten einerseits neue Ideen, wandten sich aber auch der Vergangenheit zu und entdeckten das Wissen der alten Griechen und Römer wieder. Die Gelehrten, die aus Konstantinopel (der Hauptstadt des Oströmischen Reichs) flohen, nachdem es 1453 von den Osmanen erobert wurde, brachten viele alte Handschriften mit. Ihre darauf gründende Kenntnis der antiken Forschung und Philosophie regte die europäischen Gelehrten dazu an, die geltenden religiösen Lehren zu überdenken. In der Literatur begannen große italienische Dichter wie Petrarca die menschlichen Gefühle zu beschreiben. Zu Beginn des 16. Jahrhunderts bescherten drei geniale Maler – Leonardo da Vinci, Michelangelo und Raffael – der Kunst eine neue Dynamik und unge-

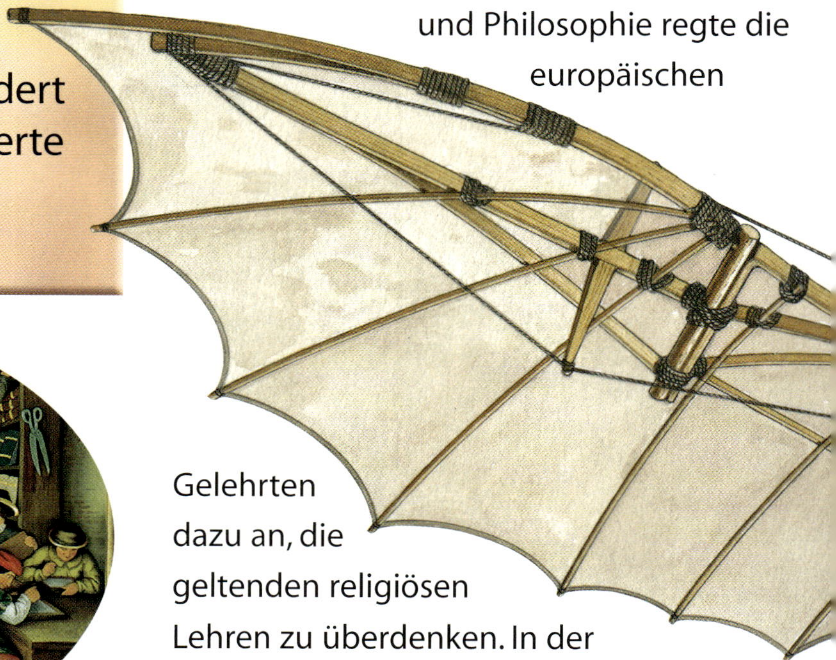

Druckerei in Dänemark um 1600. Die Drucktechnik mit Schraubpresse und Metall-Lettern verbreitete sich in ganz Europa: Erstmals standen Bücher einer breiten Öffentlichkeit zur Verfügung.

1306	1308	1349–53	1416	1453	1454
Der Italiener Giotto di Bondone malt Fresken, die weitaus lebensnäher sind als frühere mittelalterliche Malereien.	Dante Alighieri beginnt seine *Göttliche Komödie* – auf Italienisch statt Latein.	Giovanni Boccaccio verfasst das *Dekameron* – einen Kranz aus 100 sinnenfrohen Novellen.	Der italienische Bildhauer Donatello betritt mit frei stehenden Skulpturen wie seinem späteren Akt David Neuland.	Konstantinopel wird von den Türken erobert; viele Gelehrte fliehen nach Italien.	Johannes Gutenberg erfindet den Buchdruck mit beweglichen Lettern. In den nächsten 50 Jahren werden 30 000 verschiedene Titel gedruckt.

Das neue Bild des Weltalls, das der polnische Astronom Kopernikus 1543 entwarf. Im Zentrum steht die Sonne, nicht die Erde, was der damals herrschenden Theorie des griechischen Astronomen Ptolemäus aus dem 2. Jahrhundert widersprach.

Die Kuppel des Florentiner Doms (Italien) wurde von Filippo Brunelleschi, dem ersten großen Baumeister der italienischen Renaissance, entworfen. Mit dem Bau der Kuppel, der fast 20 Jahre dauerte, wurde 1418 begonnen.

wohnten Realismus. Baumeister entwarfen elegante Gebäude, die den klassischen Stil der Griechen und Römer aufgriffen.

Technische Neuerungen beflügelten die Renaissance. Durch den von Johannes Gutenberg erfundenen Buchdruck mit beweglichen Lettern wurden Bücher billiger und in größerer Zahl verfügbar, sodass viele Menschen von den neuen Ideen erfuhren. Einige waren revolutionär, z. B. die Theorie des Kopernikus, die die Sonne ins Zentrum des Planetensystems stellt. Die Renaissance veränderte die westliche Welt von Grund auf.

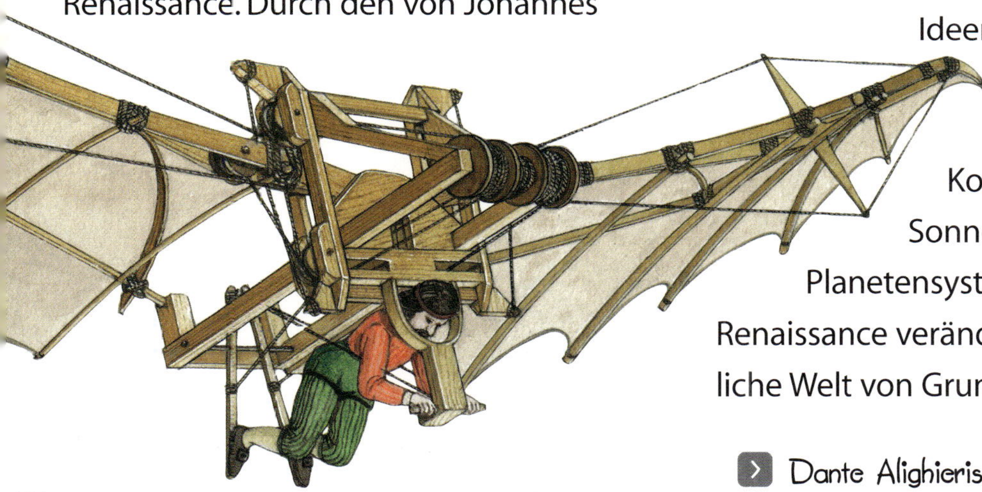

Von dem Italiener Leonardo da Vinci gezeichnete Flugmaschine. Er war nicht nur ein genialer Künstler, sondern auch ein technischer Visionär, der eine Reihe zukunftsweisender Maschinen entwarf.

Dante Alighieris Verserzählung *Die Göttliche Komödie* handelt von Liebe, Tod und Glaube. Dante schrieb in der Volkssprache Italienisch, nicht in Latein, der Sprache der Gelehrten.

1466–1536	1478	1508	1513	1516	1543	1590–1613
Erasmus von Rotterdam, niederländischer Theologe und Humanist.	Lorenzo de Medici macht Florenz zu einem Zentrum der Kunst und Gelehrsamkeit. Botticelli malt *Der Frühling*.	Michelangelo beginnt das Deckengemälde der Sixtinischen Kapelle im Vatikan, Rom.	Der Italiener Niccolò Machiavelli schreibt *Der Fürst*, einen Ratgeber für Regenten.	Thomas Morus (Sir Thomas More) veröffentlicht seine *Utopia*.	Nikolaus Kopernikus veröffentlicht seine Theorie über das Sonnensystem.	William Shakespeare schreibt in England Theaterstücke.

Die Azteken

DIE AZTEKEN waren ein kriegerisches Volk. Sie eroberten ein Reich, das einen großen Teil Mexikos umfasste und zu Beginn des 16. Jahrhunderts den Höhepunkt seiner Macht erreichte. Doch schon 1521 bereiteten der spanische Eroberer Cortez und seine Schatzjäger der Azteken-Herrschaft ein so brutales wie plötzliches Ende.

Die Kriegshäuptlinge der Azteken trugen Federkronen (Federn und Jaguarfelle waren wichtige Handelsgüter), doch die Kleidung der meisten Azteken war schlicht und aus Pflanzenfasern gewebt.

DIE AZTEKEN erlangten die Herrschaft über die anderen Ureinwohner Mittelamerikas durch ständiges Kriegführen. Ihre Hauptstadt Tenochtitlán (heute Mexiko-Stadt) gründeten sie 1325 auf einer Insel im See Texcoco. Tenochtitlán war eine befestigte Stadt mit 100 000 Einwohnern, steinernen Tempeln und einem Kanalnetz. Dämme verbanden die Insel mit dem Festland, und zusätzlich legten die Azteken kleinere Inseln an, um darauf Gemüse anzubauen.

Die Azteken bauten genauso wie die Maya Tempelpyramiden. Die Maya-Pyramide Uxmal in Yucatán gibt eine Vorstellung davon, wie der große Tempel der Azteken in Tenochtitlán ausgesehen haben mag.

ca. 1200	1325	1440–1469	1500	1502	1519
Azteken besiedeln das Tal von Mexiko.	Gründung der Hauptstadt Tenochtitlán.	Herrschaft Montezumas I. Vergrößerung des Reichs.	Blütezeit des Reichs. Die Azteken herrschen über mehr als 10 Millionen Menschen, die in der Mehrzahl anderen Stämmen angehören.	Montezuma II. tritt die Herrschaft an.	Von Cortez angeführte spanische Erober greifen Tenochtitlán an. Sie werden unterstützt von Stämmen, die den Azteken feindlich gesonnen sind.

Der 1790 in Mexiko-Stadt entdeckte Kalenderstein zeigt das Antlitz des Sonnengotts Tonatiuh. Er hat 3,7 m Durchmesser und wiegt rund 25 Tonnen.

Die Azteken leisteten Großes als Bildhauer, Dichter, Musiker und Techniker. Sie verehrten die Sonne als Lebensspenderin. Dem Sonnengott opferten ihre Priester jährlich tausende von Menschen in grausamen Ritualen. Sie schnitten ihnen die Herzen heraus, sie ertränkten oder köpften sie. Die Azteken glaubten, dass diese Menschenopfer ihre Gottheiten gnädig stimmten und so reiche Ernten und Wohlstand sicherten.

Die Bauern zogen Getreide, Bohnen und Tomaten, und Händler verbreiteten die Waren im ganzen Reich. Die herrschende Klasse waren die Krieger, von denen jeder mindestens einen Gefangenen als Opfer darbringen musste. Die besiegten Völker zahlten Tribut.

1520
Die Azteken erheben sich gegen die spanischen Invasoren. Montezuma II. wird tödlich verletzt.

1521
Cortez und seine Krieger erobern Tenochtitlán. Ende des Azteken-Reichs.

1519 wurden die Azteken von Spaniern unter Hernando Cortez angegriffen. Ihr Herrscher Montezuma II., der Cortez zunächst für den Gott Quetzalcóatl hielt, wurde von ihnen gefangen genommen. Die Azteken waren den Spaniern mit ihren Feuerwaffen unterlegen, und so endete das Azteken-Reich 1521.

Das Herz des Azteken-Reichs war das fruchtbare Tal von Mexiko, in dem sowohl die Hauptstadt Tenochtitlán als auch die meisten größeren Städte lagen, in denen ein reger Handel herrschte. Das Reich erstreckte sich östlich bis ins heutige Guatemala.

GÖTTER UND OPFER

Kriege führten die Azteken nicht zuletzt, um Gefangene zu machen, die sie ihren Göttern opfern konnten. Sie glaubten, dass sich ihre Götter vom Blut und von den Herzen dieser Menschenopfer ernährten. Die Priester schnitten die Herzen mit Opfermessern wie dem oben abgebildeten heraus. In einem 260-tägigen Ritualkalender waren die Opfertage festgelegt.

Die Inka

DER Herrscher der Inka regierte gottähnlich von den Bergen Perus aus über ein straff organisiertes Reich. Thronfolgekonflikte und die spanische Invasion führten schließlich zum Untergang des Reichs.

Mosaikmaske aus Muschelschalen. Die Inka-Priester trugen solche oft reich verzierten Göttermasken bei ihren Zeremonien.

DIE INKA lösten die Chimú als Herrscher in den südamerikanischen Anden ab. Ihre Blütezeit erlebte ihre Kultur im 15. Jahrhundert unter Pachacútec Yupanqui, der eine Invasion feindlicher Nachbarn abwehrte.

Pachacútec reformierte die Organisation des Reichs. Er setzte eine Zentralverwaltung ein, die den Städtebau beaufsichtigte und dafür sorgte, dass Landwirtschaft und Handwerk effizient betrieben wurden. Von der Hauptstadt Cuzco aus dehnten er und seine Nachfolger das Herrschaftsgebiet des Inka-Reichs auf Teile von Chile, Bolivien und Ecuador aus.

Die Inka sandten Nachrichten über weite Entfernungen mithilfe von Quipus (wollenen Knotenschnüren), die von schnellen Stafettenläufern auf gut befestigten Straßen innerhalb eines Tages über 200 km weit befördert wurden.

Die Inka bauten steinerne Städte und befestigte Straßen, die von Händlern genutzt wurden. Sie verwendeten kein Geld, sondern trieben Tauschhandel mit Waren von vergleichbarem Wert. Bauern terrassierten die Berghänge, um Mais, Baumwolle und Kartoffeln anzubauen. Die Inka besaßen zwar keine Schrift und keine Fahrzeuge mit Rädern, waren aber talentierte Musiker, Brückenbauer und Heilkundige.

Seine größte Ausdehnung erlangte das Inka-Reich 1525. Doch nach dem Tod des Herrschers Huayna Cápac wurde es zwischen zweien seiner Söhne aufgeteilt, und es kam zum Bürgerkrieg. In den 1530ern traf eine spanische Expedition von Goldsuchern unter Francisco Pizarro ein. Die Europäer waren sehr beein-

1200
Die Inka beginnen, benachbarte Andenvölker zu unterwerfen.

1438
Vergrößerung des Inka-Reichs unter Pachacútec Yupanqui, dem 9. Inka-Herrscher. Er wehrt eine Invasion der benachbarten Chanca ab und baut Cuzco zur Hauptstadt aus.

druckt von Cuzcos Palästen, Tempeln und der Festung Sacsahuamán, die aus exakt behauenen Steinblöcken gebaut war, ohne dass Mörtel verwendet wurde.

◀ Das goldene Floß stellt das legendäre Goldland El Dorado und seinen Herrscher dar, der seinen Körper angeblich mit Gold bestäubte. Solche Legenden lockten goldgierige Europäer an.

Der Trupp Spanier war klein, hatte aber Pferde und Gewehre dabei, die den Inka bis dahin unbekannt waren. 1532 nahm Pizarro den Inka-Herrscher Atahualpa gefangen und verlangte als Lösegeld einen Raum voll Gold und zwei Räume voll Silber. Pizarro erhielt das Lösegeld, ließ aber dennoch Atahualpa töten. Die führerlosen Inka-Armeen waren bald besiegt, auch wenn vereinzelte Bergfestungen wie Machu Picchu noch bis 1572 den Spaniern erbitterten Widerstand leisteten.

▼ Die Spanier waren den Inka zahlenmäßig unterlegen, hatten aber Pferde, Rüstungen und Gewehre. Die tapfer kämpfenden Inka wurden nach Ermordung ihres Königs rasch besiegt.

1450–1500
Unter Túpac Yupanqui und seinem Sohn Huayna Cápac wird das Reich von Peru bis ins heutige Bolivien, Chile, Ecuador und Kolumbien ausgedehnt.

1525
Um diese Zeit gelangen die ersten Kartoffeln aus Südamerika nach Europa.

1527
Tod des Herrschers Huayna Cápac; Bürgerkrieg zwischen seinen Söhnen Atahualpa und Huascar.

1532
Atahualpa besiegt Huascar, der eingekerkert und später getötet wird. Francisco Pizarro greift mit 167 Soldaten Atahualpas Streitmacht an und erobert Cuzco.

Entdeckungsreisen

IM SPÄTEN 15. Jahrhundert begannen die Europäer, die Ozeane zu erkunden. Mit neuen, seetüchtigeren Schiffen machten sie sich auf die Suche nach Handelskontakten, Schätzen und neuem Land. Ihre Reisen führten sie westwärts nach Amerika und ostwärts nach Asien.

DIE EROBERUNG des Byzantinischen Reichs durch die osmanischen Türken 1453 legte die Landhandelswege zwischen Europa und Asien lahm. Um sich die zur Aromatisierung und Konservierung ihrer Speisen unentbehrlichen Gewürze zu verschaffen, mussten die Europäer einen neuen Weg nach Indien und zu den Gewürzinseln Indonesiens finden. Dies und Abenteuerlust trieb die Europäer hinaus auf die Weltmeere.

Die europäischen Entdecker segelten auf Dreimastern mit Rahsegeln, die man „Galeonen" nannte. Kolumbus' Schiff Santa Maria sah vermutlich etwa so aus.

Die Ersten waren die Portugiesen. Ihr Prinz, Heinrich der Seefahrer, interessierte sich sehr für Schiffbau und Navigation. Er schickte seine Seefahrer westwärts auf den Atlantik hinaus und nach Süden, um die afrikanische Westküste zu erkunden. Dort gründeten sie Forts und gelangten in den Besitz von Gold und Elfenbein. Spanische, französische, niederländische und englische Seefahrer folgten ihrem Beispiel. Einige Entdecker, wie Christoph Kolumbus, fuhren weiter nach Westen und landeten zu ihrer Überraschung in Amerika.

Portugal und Spanien begannen Amerika, das sie zwischen sich aufteilten, zu besiedeln und auszu-

Die Seefahrer benutzten Navigationsinstrumente wie Astrolabium (oben) und Jakobsstab, um ihre Position anhand von Sonne und Sternen zu bestimmen. Der Magnetkompass zeigte nach Norden, war aber nicht immer zuverlässig.

1419	1431	1488	1492	1494	1497	1500
Portugiesen segeln nach Madeira.	Portugiesen erreichen die Azoren.	Der Portugiese Bartolomeu Diaz erkundet die afrikanische Westküste bis hinab zum Kap der Guten Hoffnung.	Der Italiener Christoph Kolumbus führt eine spanische Expedition nach Amerika.	Spanien und Portugal teilen Amerika im Vertrag von Tordesillas unter sich auf.	Der Italiener Giovanni Caboto segelt im Dienste Englands nach Kanada. Der Portugiese Vasco da Gama segelt um Afrika herum bis nach Indien.	Der Portugiese Pedro Álvares Cabral segelt nach Brasilien.

plündern. Bis 1517 hatten die Portugiesen China erreicht (indem sie ostwärts um Afrika nach Indien und darüber hinaus segelten), fast 30 Jahre später auch Japan.

Die Schiffe der Entdecker waren klein, aber seetüchtiger als die schwerfälligen Schiffe des Mittelalters. Sie trugen eine Mischung aus rechteckigen Rahsegeln und dreieckigen Lateinersegeln, die ihre Manövrierfähigkeit verbesserte. Die Seefahrer besaßen nur sehr ungenaue Karten und einfache Instrumente, um sich zu orientieren. 1519 brach der Portugiese Ferdinand Magellan mit fünf Schiffen von Spanien auf. Sie segelten rund um Südamerika, über den Pazifik zu den Philippinen (wo Magellan getötet wurde) und über den Indischen Ozean nach Afrika. Nur eines der Schiffe, unter dem Kommando von Juan Sebastian Elcano, kehrte nach Spanien zurück und vollendete so die erste Weltumsegelung.

NEUE NAHRUNGSMITTEL

Außer Gold und Silber brachten die europäischen Entdecker auch neue Nahrungsmittel aus Amerika mit. Die in Amerika heimischen Kartoffeln, Tomaten und Paprika waren in Europa bis 1500 unbekannt. Kartoffeln galten zunächst als Delikatesse. Schokolade, aus den Samen des Kakaobaums, gelangte 1520 von Mexiko nach Spanien. Auch Tabak, Truthühner und Mais stammen aus der Neuen Welt.

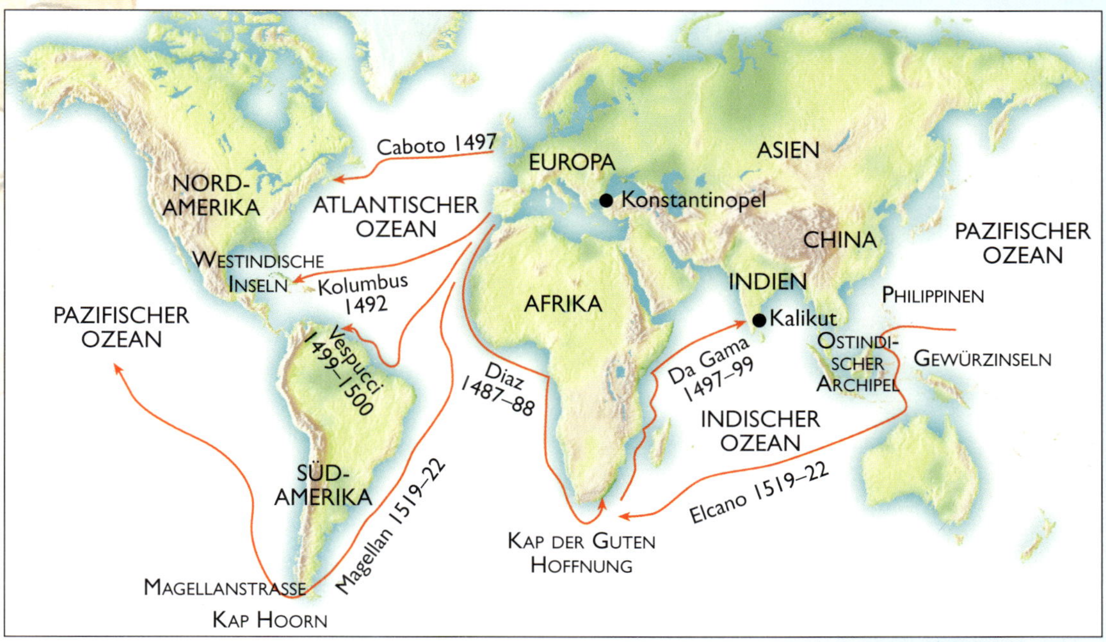

Durch die Entdeckungsreisen erkannten die Europäer, dass die Welt größer war, als frühere Geografen geglaubt hatten. Seefahrer überquerten Ozeane und begegneten Völkern, die den Europäern bis dahin unbekannt gewesen waren.

1501	1509	1513	1517	1522	1524
Der Italiener Amerigo Vespucci segelt nach Südamerika. Eine 1507 veröffentlichte Karte nennt den Kontinent nach ihm „Amerika“.	Spanien beginnt mit der Besiedlung Amerikas.	Der Spanier Vasco Núñes de Balbao erreicht als erster Europäer die amerikanische Pazifikküste.	Portugiesische Händler erreichen China.	Erste Weltumsegelung durch Ferdinand Magellans spanische Schiffsbesatzung.	Der Italiener Giovanni da Verrazano sucht eine Nordwestpassage von Europa nach Asien.

Spanien und Portugal

IM MITTELALTER war Spanien in christliche und muslimische Königreiche und Fürstentümer aufgeteilt. Nach langen Kriegen setzten Ferdinand von Aragonien und Isabella von Kastilien der Herrschaft der muslimischen Araber (Mauren) in Spanien ein Ende.

Anfang des 15. Jahrhunderts war Spanien noch kein geeintes Königreich. Aragonien und Kastilien waren die mächtigsten christlichen Reiche; Granada wurde von muslimischen Emiren beherrscht.

DIE HEIRAT von Ferdinand von Aragonien und Isabella von Kastilien 1469 vereinte die beiden mächtigsten christlichen Königreiche Spaniens. 1492 eroberten sie Granada, die letzte Bastion der Mauren in Spanien. Die neuen Herrscher waren gegenüber anderen Religionen unduldsam und forcierten die spanische Inquisition, um Ketzer – Christen, die von der päpstlichen Lehre abwichen – und Angehörige anderer Religionen zu verfolgen.

Im 16. Jahrhundert wurde Spanien zum mächtigsten Staat Europas. Seine Armee führte Kriege in Europa (u. a. gegen die Niederlande), und seine mächtige Flotte sicherte den einträglichen Handel mit Gold und Silber aus den spanischen Kolonien in Amerika.

Katharina von Aragonien (1485–1536), die Tochter König Ferdinands und Königin Isabellas von Spanien, wurde in zweiter Ehe 1509 die erste der sechs Frauen von König Heinrich VIII. von England.

Kolumbus erhält am spanischen Hof die Zusage von König Ferdinand und Königin Isabella, dass sie seine Fahrt nach Westen finanzieren. Er bricht 1492 im festen Glauben auf, dass der Atlantik nur ein schmaler Ozean sei.

711	frühes 11. Jh.	1143	Spätes 13. Jh.	1479	1492	1512
Die Mauren erobern Südspanien (einschließlich des späteren Portugal).	Die maurische Vorherrschaft über Spanien zerfällt durch Bürgerkrieg.	Portugal wird von Kastilien unabhängig.	Granada ist das letzte maurische Fürstentum in Spanien.	Aragonien und Kastilien vereinen sich zu einem Königreich.	Vertreibung der Mauren aus Granada. Juden werden aus Spanien vertrieben. Kolumbus entdeckt Amerika.	Ferdinand erobert das Königreich Navarra und vollendet so die Einigung Spaniens.

Ihren Höhepunkt erreichte Spaniens Macht unter der Regentschaft Karls I. (1516–1556). Er wurde 1519 als Karl IV. Kaiser des Heiligen Römischen Reichs, wodurch ihm Ländereien in Deutschland, Österreich und den Niederlanden sowie Teile Frankreichs und Italiens zufielen. Nach seinem Tod wurden seine Herrschaftsgebiete zwischen seinem Sohn Philipp II. (Herrscher über Spanien, die Niederlande und die spanischen Kolonien in Amerika) und seinem Bruder Ferdinand (Römischer Kaiser) aufgeteilt.

‹ Arabische Schrift an einer spanischen Mauer. Die Mauren hinterließen in südspanischen Städten wie Granada und Cordoba prachtvolle Kunst- und Bauwerke.

Ab 1580 gehörte auch Portugal zum spanischen Reich. Portugiesische Seefahrer hatten als Vorreiter der europäischen Erkundung der Weltmeere neue Handelswege nach Asien erschlossen. Zu den Besitzungen Portugals in Übersee zählten große Küstenabschnitte in Ost- und Westafrika, Brasilien und Indien sowie wichtige Handelsniederlassungen wie Goa in Indien, Macao in China und eine Vielzahl südostasiatischer Inseln.

› Philipp II., 1556–1598 König von Spanien, strebte als strenggläubiger Katholik ein vollständig katholisches Europa und Amerika unter der Führung Spaniens an.

HEINRICH DER SEEFAHRER

Der portugiesische Prinz Heinrich (1394–1460) erwarb sich seinen Beinamen, weil er mit Seefahrern, Schiffsbauern und Kartografen Entdeckungsfahrten mit Galeonen und Karavellen (rechts) plante.

1521	1535	1556	1565	1568	1571	1580	1588
Spanien erobert das Azteken-Reich in Mexiko.	Spanien erobert das Inka-Reich in Peru.	Philipp II. wird König von Spanien. Spanien erreicht den Gipfel seiner Macht.	Spanien kolonisiert die Philippinen.	Beginn des Unabhängigkeitskriegs der spanischen Niederlande.	Seeschlacht bei Lepanto: Spanien und Österreich besiegen die osmanische Flotte.	Spanien annektiert Portugal, das erst 1640 wieder unabhängig wird.	Die spanische Armada greift England an, wird aber vernichtend geschlagen.

Staatenbildung in Afrika

AFRIKA war aufgeteilt in viele regionale Stammesgebiete und große Reiche, deren Herrscher ihre Macht auch dem Handel mit Gold, Elfenbein und Sklaven verdankten – Güter, die ab dem 16. Jahrhundert europäische Händler anlockten.

Afrikanische Reiche, ca. 1400–1600. Weil der Überlandverkehr durch weite Teile Afrikas sehr schwierig war, hatten viele Afrikaner mehr Kontakt mit europäischen und asiatischen Händlern (die über das Meer kamen) als mit anderen afrikanischen Staaten.

Timbuktu am Südrand der Sahara war das Zentrum des Gold- und Salzhandels. Hierher kamen sogar Händler aus Marokko, um Stoffe und Pferde zu verkaufen. Die muslimischen Gelehrten der Stadt waren zugleich Berater des Songhai-Herrschers Askia Mohammed Touré.

PORTUGIESISCHE HÄNDLER, die an der Küste Westafrikas entlangsegelten, hörten Erzählungen über sagenhafte Reiche im Inneren des Kontinents. Das mächtigste war das muslimische Königreich der Songhai, das den Handel durch die Sahara kontrollierte. König Sonni Ali befreite 1464 Songhai von der Vorherrschaft des Mali-Reichs und dehnte seine Grenzen aus. 1493 gründete Askia Mohammed Touré eine neue Songhai-Dynastie und erlangte durch die Eroberung der Handelsstädte Djenné und Timbuktu großen Reichtum. Die Vorherrschaft der Songhai endete 1591, als ihre Armee der bereits mit Kanonen bewaffneten marokkanischen Streitmacht unterlag.

14. Jh.	1335	1341	ca. 1430	ca. 1460	1464	1468	ab 1480
Europäische Herrscher suchen Kontakt zum legendären „Priester Johannes“. Die Stadt Simbabwe ist Zentrum eines Bantu-Reichs.	Gründung der Songhai-Herrscherdynastie.	Suleiman herrscht bis 1360 über Mali.	Portugiesen erkunden Afrikas Westküste.	Portugiesen kaufen Elfenbein, Pfeffer, Palmöl und Sklaven vom Königreich Benin.	Songhai befreit sich von Malis Vorherrschaft.	Sonni Ali erobert Timbuktu.	Portugiesen gründen Forts zum Handel mit den afrikanischen Herrschern.

Die Ruinenstadt Groß-Simbabwe mit ihren teilweise erhaltenen gewaltigen Verteidigungsmauern. Im 15. Jahrhundert war die ummauerte Zitadelle von Lehmhäusern und Weideflächen umgeben.

Das islamisierte Reich Kanem-Bornu umfasste Teile des heutigen Tschad, Kamerun, Nigeria, Niger und Libyen. Es florierte durch den Handel zwischen dem nördlichen und südlichen Afrika und erlebte seine Glanzzeit zwischen 1571 und 1603 unter Idris Alaoma.

Im Nordosten Afrikas lag das christliche Reich Äthiopien mit dem legendären, auch in Europa bekannten Kaiser „Priester Johannes". Die Äthiopier lebten von Ackerbau und Rinderzucht.

Die äthiopischen Christen bauten ihre kreuzförmigen Kirchen in den massiven Felsboden. In Lalibela (damals Roha), das im 13. Jahrhundert die Hauptstadt Äthiopiens war, sind noch 15 dieser spektakulären Felsenkirchen erhalten.

Die im Lauf von rund 400 Jahren errichtete Stadt Simbabwe im südlichen Afrika erreichte um 1450 ihre größte Ausdehnung und war vermutlich eine königliche Festung. Sie war von mächtigen Mauern umgeben und hatte einen hohen Turm. Die Bewohner dieses wohlhabenden Reichs verwendeten Kupfer und Eisen und trieben Goldhandel mit den Sofala an der Ostküste (im heutigen Mosambik). Doch ab etwa 1500 ging die Zivilisation der Erbauer von Simbabwe unter.

PRIESTER JOHANNES

Reisende berichteten von „Priester Johannes", dem sagenhaft reichen christlichen Kaiser Äthiopiens. Es hieß, er habe einen Zauberspiegel, der ihm alles zeige, was in seinem Reich geschehe, und das Gold für seine Schatzkammer würde von Riesenameisen ausgegraben.

1488	1493	1507	1511	1520–1526	ca. 1530	1591
Der Portugiese Bartolomeu Diaz umrundet das Kap der Guten Hoffnung.	Blütezeit von Songhai. Askia Mohammed Touré nimmt das Mali-Reich ein.	Alfons I. ist der erste christliche König im Kongo-Reich.	Ein portugiesischer Entdecker erreicht die bereits verfallende Stadt Simbabwe.	Entsendung einer portugiesischen Mission nach Äthiopien.	Beginn des Sklavenhandels von Afrika nach Amerika.	Songhai wird von Marokkanern erobert, die von spanischen und portugiesischen Soldaten unterstützt werden.

Die Reformation

DIE REFORMATION war zunächst eine Protestbewegung zur Erneuerung der katholischen Kirche. Sie begann zu einer Zeit, als das Interesse am Humanismus – dem Glauben daran, dass die Menschen ihre Geschicke selbst bestimmen – wuchs. Insbesondere der Verkauf von Ablassbriefen löste die Kritik an der katholischen Kirche aus. Die Lehren der Reformatoren basieren auf einer unmittelbaren Beziehung zwischen Gott und den Menschen und einer prunklosen, dienenden Kirche.

Martin Luther lehrte, dass der Mensch die Gnade Gottes allein durch seinen Glauben erlange, die Bibel dafür entscheidend sei und Gottesdienste in der Volkssprache abzuhalten seien.

DER DEUTSCHE MÖNCH Martin Luther protestierte 1517 gegen die Korruption der Kirche und forderte Reformen. Daraus entwickelte sich eine religiöse Bewegung, die Reformation. Seine Gedanken wurden von anderen Reformatoren wie Ulrich Zwingli in der Schweiz und Johannes Calvin (Jean Cauvin) in Frankreich aufgegriffen und verbreitet. Auf diese Weise entstanden die protestantischen (protestierenden) Kirchen.

Heinrich VIII. ernannte sich selbst zum Oberhaupt der englischen (anglikanischen) Kirche, betrachtete sich aber trotz seines Streits mit dem Papst wegen seiner Scheidung von Katharina von Aragonien weiterhin als Katholiken.

Die neue Technik des Buchdrucks trug dazu bei, diese Ideen schnell zu verbreiten. Die bisher nur auf Latein, also in der Gelehrtensprache, verfügbare Bibel wurde in die Volkssprachen übersetzt, damit sie jeder lesen konnte.

1498 Der italienische Mönch Savonarola, der kirchliche Reformen anmahnt, wird in Florenz verbrannt.

1517 Martin Luther schlägt seine 95 Thesen an die Tür der Schlosskirche zu Wittenberg (Sachsen-Anhalt). Dies ist der Beginn der Reformation.

1519 Ulrich Zwingli verbreitet die Lehren der Reformation in der Schweiz.

1521 Luther wird durch das Wormser Edikt geächtet.

1532 Johannes Calvin verbreitet die Reformationslehren in Frankreich.

1534 Luthers Bibelübersetzung ist abgeschlossen. Heinrich VIII. wird Oberhaupt der Kirche von England.

1539 Ignatius von Loyola gründet den Jesuitenorden.

Manche Herrscher nutzten die Unzufriedenheit mit der Kirche für eigene Zwecke. Heinrich VIII. von England etwa wollte sich von Katharina von Aragonien scheiden lassen. Als ihm der Papst dies verweigerte, brach Heinrich mit der katholischen Kirche, um seinen Willen durchsetzen zu können.

Ab 1545 setzte sich die katholische Kirche mit der so genannten Gegenreformation zur Wehr. Sie entsandte Jesuitenpriester, um gegen den Protestantismus zu predigen und die Völker des spanischen Weltreichs zu bekehren. Die Spaltung des westeuropäischen Christentums forderte neue religiöse Bündnisse zwischen den Ländern. Dies führte zu Kriegen, in denen sich Katholiken und Protestanten grausam bekämpften.

< Der französische Reformator Johannes Calvin glaubte, dass nur die von Gott Auserwählten der Verdammnis entgehen würden. Seine Lehre nennt man den „Kalvinismus".

v Die Spanier entsandten 1588 eine Armada gegen England, um die katholische Vorherrschaft wiederherzustellen. Die Engländer attackierten die spanische Flotte vor Calais mit brennenden Schiffen; später wurde die Armada durch starke Stürme vor der britischen Nordküste zerstreut und teilweise vernichtet.

1546	1555	1562	1568	1581	1588	1598
Martin Luther stirbt am 18. Februar.	Augsburger Religionsfrieden: Untertanen müssen das Bekenntnis des Landesherrn annehmen.	Beginn der Religionskriege in Frankreich zwischen Katholiken und Hugenotten (Protestanten).	Die protestantischen Niederländer erheben sich gegen die spanische Herrschaft.	Die Niederlande erklären ihre Unabhängigkeit von Spanien, die erst 1648 anerkannt wird.	Niederlage der spanischen Armada vor der britischen Küste.	Edikt von Nantes verleiht Protestanten und Katholiken in Frankreich gleiche Rechte.

Der Dreißigjährige Krieg

DIE DURCH die Reformation ausgelösten Religionskonflikte in Europa setzten sich auch im 17. Jahrhundert fort. Der Dreißigjährige Krieg begann 1618 als Aufstand der protestantischen Fürsten von Böhmen (heute Teil der Tschechischen Republik) gegen die katholische Oberherrschaft der Kaiser des Heiligen Römischen Reichs.

Am 23. Mai 1618 warfen böhmische Protestanten zwei katholische Statthalter des Kaisers aus einem Fenster der Prager Burg. Dieser so genannte „Prager Fenstersturz" wurde zum Auslöser des Dreißigjährigen Kriegs.

DIE BÖHMEN setzten ihren König Ferdinand, ein Mitglied der mächtigen Königsfamilie der Habsburger, ab und wählten stattdessen den Protestanten Friedrich V. von der Pfalz. Als Ferdinand 1619 Römischer Kaiser wurde, schickte er sein Heer gegen Böhmen, um es zum Katholizismus zurückzuführen.

1620 floh Friedrich mit seiner Familie vor Ferdinands Armee in die Niederlande. Fortan war in Böhmen nur noch der Katholizismus erlaubt. Ein Jahr später griff Spanien, ebenfalls von den Habsburgern regiert, auf Seiten des Heiligen Römischen Reichs in den Krieg ein und entsandte eine Armee gegen die protestantischen Niederländer. 1625 ersuchten die Niederländer Dänemark und England um Hilfe. Die Engländer verloren viele Soldaten – nicht nur in den Kämpfen, sondern auch durch Seuchen –, und auch die Dänen mussten sich 1629 den Habsburgern geschlagen geben.

1630 führte der Protestant Gustav II. Adolf von Schweden seine Armee gegen

König Gustav II. Adolf von Schweden führte seine Truppen stets persönlich in die Schlacht. Gegen die Habsburger zog er nicht nur in den Krieg, um den protestantischen Glauben zu verteidigen, sondern auch zum Schutz des schwedischen Handels im Ostseeraum, der durch Spanien bedroht war.

1618	1619	1620	1625–1629	1630	1631
Beginn des Kriegs mit dem Prager Fenstersturz.	Ferdinand II. wird zum Kaiser gekrönt.	Ferdinands Armee besiegt den protestantischen böhmischen König Friedrich.	Dänemark und England greifen auf Seiten der Niederlande in den Krieg ein.	König Gustav II. Adolf von Schweden beteiligt sich auf protestantischer Seite am Krieg.	Schwedischer Sieg über die Kaiserlichen in der Schlacht bei Breitenfeld.

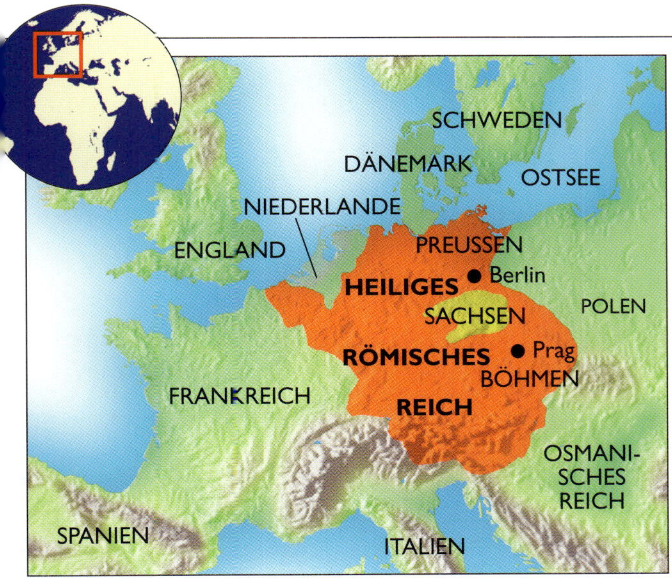

‹ Europa nach Kriegsende 1648. Viele deutsche Kleinstaaten waren völlig verwüstet.

› Der französische Kardinal und Staatsmann Richelieu (1585–1642) unterdrückte die französischen Protestanten erbarmungslos, unterstützte aber im Dreißigjährigen Krieg die protestantischen Länder, um Spanien zu schwächen.

Spanien und das Heilige Römische Reich. Die Schweden siegten 1631 in Sachsen bei Breitenfeld und 1632 in der Schlacht bei Lützen, in der Gustav Adolf jedoch fiel. Zwei Jahre später zog sich Schweden aus dem Krieg zurück.

Dann trat Frankreich in den Krieg gegen die Habsburger ein. Zunächst schien Spanien siegreich, doch ab 1637 triumphierten die Franzosen und ihre protestantischen Verbündeten. Der Westfälische Friede beendete den Krieg, der zusammen mit Pest und Seuchen die Bevölkerung vieler deutscher Staaten halbierte.

1632	1634	1635	1637	1643	1648	1659
Gustav Adolf fällt in der Schlacht bei Lützen.	Schwedischer Rückzug nach Niederlage bei Nördlingen.	Frankreich tritt unter Richelieu in den Krieg gegen die Habsburger ein.	Franzosen und ihre Verbündeten gewinnen die Oberhand über Spanien.	Französischer Sieg über Spanien bei Rocroi.	Der Westfälische Friede beendet den Dreißigjährigen Krieg.	Friedensschluss zwischen Spanien und Frankreich. Frankreich wird die führende Macht in Europa.

Weltmacht Niederlande

BIS 1581 waren die Niederlande, zu denen damals auch Belgien und Luxemburg gehörten, ein Verbund von 17 Provinzen unter spanischer Oberherrschaft. Im Jahr 1581 erklärten die nördlichen Provinzen ihre Unabhängigkeit von Spanien. Sie entsandten Handelsschiffe nach Westen und Osten: So entstand im 17. Jahrhundert ein niederländisches Weltreich.

Wilhelm von Oranien (1533–1584) führte den Aufstand der Niederländer gegen die spanische Herrschaft an. Er war der erste Regent der Republik der Vereinigten Niederlande. Ein spanischer Agent ermordete ihn.

Nachdem die Niederlande ihre Unabhängigkeit erlangt hatten, erlebte die niederländische Kunst eine Blütezeit. Dieses Gemälde einer Frau, die einen Brief schreibt, stammt von dem berühmten niederländischen Maler Jan Vermeer (1635–1675).

DIE NIEDERLANDE wurden seit 1516 als Teil des Heiligen Römischen Reichs von Spanien regiert, da der Römische Kaiser Karl V. zugleich König von Spanien war. Karls Sohn Philipp II. war ein fanatischer Katholik; die meisten Bewohner der nördlichen Niederlande hingegen waren Protestanten. Die Spanier versuchten, die Protestanten zu unterdrücken, wogegen die Niederländer unter der Führung Wilhelms von Oranien rebellierten. Die sieben Nordprovinzen sagten sich 1581 als Republik der Vereinigten Niederlande von Spanien los.

1568
Wilhelm von Oranien führt den Aufstand der Niederländer gegen die spanische Herrschaft an.

1576
Spanische Truppen zerstören Antwerpen. Viele Bewohner flüchten nach Amsterdam.

1577
Die Niederlande gewinnen England als Verbündeten gegen die Spanier.

1579
Sieben Nordprovinzen der Niederlande bilden die Union von Utrecht.

1581
Republik der Vereinigten Niederlande erklärt ihre Unabhängigkeit und macht Wilhelm von Oranien zum Statthalter.

Schon während des Kriegs mit Spanien bauten die Niederländer ein überseeisches Handelsreich in der Karibik und in Asien auf. Ab 1599 begannen sie, Portugal die Herrschaft über die Gewürzinseln (oder Molukken) streitig zu machen. Um den Handel mit Indonesien zu fördern, wurde 1602 die niederländische Ostindische Kompanie gegründet, deren Hauptstützpunkt Batavia (heute Jakarta) auf der Insel Java war. Später erlangte sie auch die Kontrolle über Ceylon (Sri Lanka) und mehrere indische Häfen.

Andere Kaufleute wandten sich westwärts und gründeten 1621 die niederländische Westindische Kompanie, die Inseln in der Karibik und Niederländisch-Guayana (Surinam) in Südamerika verwaltete. Sie handelte mit Sklaven, Zucker und Tabak. Ihr Handelsimperium brachte den Niederländern Reichtum, im späten 17. Jahrhundert aber auch Krieg mit England.

Händler der niederländischen Ostindischen Kompanie machten auf der Reise nach Niederländisch-Indien oft an der Südspitze Afrikas, am Kap der Guten Hoffnung, Station, um Proviant für die Weiterfahrt aufzunehmen. 1652 gründeten die Niederländer dort eine Kolonie.

Die niederländische Ostindische Kompanie handelte wertvolle Waren wie Kaffee, Tee, Zimt und Gewürznelken.

Kaffee

Tee

Zimt

Gewürznelken

Die Karte zeigt das niederländische Handelsreich. Gehandelt wurden u. a. Gewürze, Zucker, Reis und Sklaven. Amsterdam, die Hauptstadt der Niederlande, war das Zentrum der Kaufleute und Bankiers.

1599	1602	1621	1648	1651–1674	1689
Die Niederlande entreißen Portugal die Herrschaft über die Gewürzinseln.	Gründung der niederländischen Ostindischen Kompanie.	Gründung der niederländischen Westindischen Kompanie.	Spanien erkennt im Westfälischen Frieden die niederländische Unabhängigkeit an.	Drei englisch-niederländische Kriege wegen Handelskonflikten.	Wilhelm III. von Oranien und seiner Frau Maria (Tochter Jakobs II. von England) wird der englische Thron angetragen.

Der englische Bürgerkrieg

ZUR ZEIT Karls I., der 1625 zum König gekrönt wurde, brach der englische Bürgerkrieg aus. Die königliche Armee kämpfte gegen eine Armee des Parlaments; am Ende verlor der König und wurde hingerichtet. Danach war England unter Oliver Cromwell kurze Zeit Republik.

Die Karte zeigt die wichtigsten Schlachten des Bürgerkriegs. Nach 1644 hielt Karl I. nur noch das rosafarben gekennzeichnete Gebiet; der Rest des Landes wurde vom Parlament beherrscht.

Die Kämpfer auf Seiten des Königs nannte man Royalisten oder Kavaliere. Manche trugen ihr Haar lang und kleideten sich extravagant mit breitkrempigen Hüten und Hemden aus feinstem Leinen. Rüstungen boten ohnehin kaum Schutz gegen Gewehrkugeln. Die meisten Soldaten beider Seiten trugen Lederwämser und Brustpanzer.

Die Soldaten des Parlaments nannte man wegen ihrer kurz geschorenen Haare „Rundköpfe". Die Kavalleriesoldaten trugen hohe Stiefel mit Sporen. Helme mit Nacken- und Gesichtsschutz schützten vor Schwerthieben.

DER BÜRGERKRIEG hatte religiöse, wirtschaftliche und politische Ursachen. Die Puritaner (besonders strenge Protestanten) glaubten, dass Karl die Katholiken begünstigte – seine Frau Henriette war eine katholische Französin. Karl war überzeugt von seinem gottgegebenen Recht, allein zu herrschen und seine Berater selbst zu wählen. Nach Konflikten mit dem Parlament über Steuererhöhungen regierte er ab 1629 ohne Parlament.

1640 musste Karl das Parlament wieder einberufen, um Mittel zur Niederschlagung einer Rebellion schottischer Protestanten aufzubringen. Er versuchte, die fünf Anführer der Opposition gegen ihn im Unterhaus verhaften zu

1625	1629	1637	1639	1640	1642	1645
Karl I. wird König von England. Er heiratet Henriette Maria von Frankreich.	Das Parlament will Karls Macht einschränken und wird aufgelöst.	Karl zwingt den Schotten den englischen Gottesdienst auf.	Schottland rebelliert.	Mehrfache Einberufung und Auflösung des Parlaments.	Karl versucht, fünf Parlamentsmitglieder zu verhaften. Beginn des Bürgerkriegs.	Armee des Parlaments besiegt die Royalisten bei Naseby.

PURITANER

Die Puritaner waren Protestanten, die die englische Kirche von ihren Bischöfen und Ritualen „reinigen" (purifizieren) wollten. Sie kleideten sich betont schlicht. Auch die Pilgerväter waren Puritaner.

Oliver Cromwell (1599–1658). Er rekrutierte, schulte und kommandierte die Neue Armee (New Model Army). Als Lord Protector versuchte er, Schottland und Irland die Parlamentsherrschaft gewaltsam aufzuzwingen.

lassen, doch sie entkamen. In London gab es einen Massenaufruhr zur Unterstützung der oppositionellen Parlamentarier, und Karl flüchtete aus der Stadt. Beide Seiten stellten Armeen auf.

Die erste große Schlacht im August 1642 bei Edgehill brachte keine Entscheidung, doch später besiegten die Parlamentarier die Königstreuen bei Marston Moor (1644) und noch einmal bei Naseby (1645). Karl floh zu den Schotten, die ihn aber ans Parlament auslieferten. Er entkam und verbündete sich dann doch noch mit den Schotten, um den Krieg wieder aufzunehmen (1648), seine Armee wurde jedoch rasch geschlagen. Karl wurde des Hochverrats angeklagt und 1649 enthauptet. 1651 wurde eine von den Schotten unterstützte Invasion seines Sohns Karl bei Worcester vereitelt. Damit endete der Bürgerkrieg. England wurde als Republik vom Parlament regiert, bis sich dessen Mitglieder zerstritten. Ab 1653 regierte Oliver Cromwell als Lord Protector. Nach seinem Tod 1658 wurde sein Sohn abgesetzt, und 1660 rief ein neues Parlament Karl II. aus dem Exil zurück.

König Karl I. wurde in London am 30. Januar 1649 geköpft.

1646	1647	1648	1649	1651	1653–1658	1660
Karl ergibt sich den Schotten.	Karl wird dem Parlament ausgeliefert. Er flieht auf die Isle of Wight.	Mit Hilfe der Schotten beginnt Karl den 2. Bürgerkrieg, wird aber besiegt.	Karl wird des Hochverrats angeklagt und am 30. Januar geköpft.	Karls Sohn geht nach Frankreich ins Exil.	Cromwell regiert als Lord Protector.	Wiederherstellung der Monarchie; Karl II. besteigt den Thron.

Die Epoche der Umwälzungen

REVOLUTIONEN UND IMPERIALISMUS 1700–1900

DIE BEIDEN Jahrhunderte zwischen 1700 und 1900 waren in vielen Teilen der Welt eine Zeit der Konflikte, Revolutionen und großen Veränderungen. Reiche entstanden und gingen unter, Könige und Regierungen wurden gestürzt. Landwirtschaft, Industrie und Verkehr machten rasante Fortschritte.

DIE LÄNDER im Nordwesten Europas wurden allmählich mächtiger, während Spanien und Portugal zunehmend an Bedeutung verloren. Die 13 amerikanischen Kolonien erklärten sich 1776 von Großbritannien unabhängig und gründeten die Vereinigten Staaten von Amerika. Unterstützt wurden sie von den Franzosen, die 1789 ihrerseits mit einer Revolution ihren König stürzten und zuerst Republik, dann Kaiserreich wurden. Diese Entwicklung führte ab 1793 zu Kriegen zwischen Frankreich und Österreich, Großbritannien, den Niederlanden, Portugal, Preußen, Russland und Spanien, die erst mit der Niederlage des französischen Kaisers Napoleon 1815 endeten.

1644	1682–1725	1740	1756–1763	1768	1769	4. Juli 1776	14. Juli 1789
Mandschu stürzen die Ming-Dynastie in China.	Peter der Große regiert Russland.	Friedrich der Große wird König von Preußen, das eine Großmacht in Europa wird.	Siebenjähriger Krieg: Frankreich, Österreich und Russland kämpfen gegen Großbritannien und Preußen.	Erste von drei Pazifikreisen James Cooks.	James Watt baut die erste effiziente Dampfmaschine.	Kontinentalkongress in Amerika verabschiedet die Unabhängigkeitserklärung.	Mit der Erstürmung der Bastille in Paris beginnt die Französische Revolution.

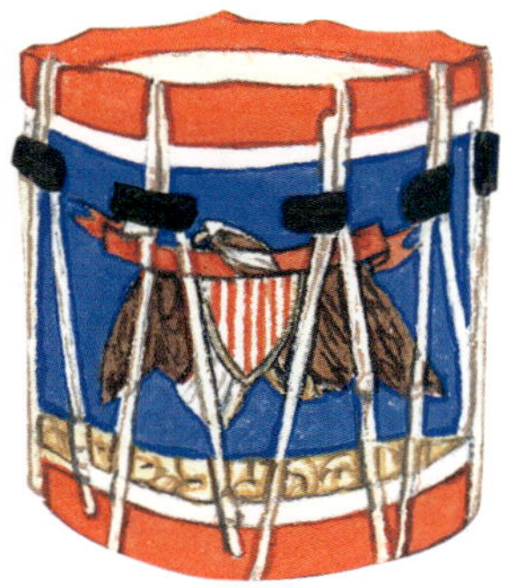

Die spanischen und portugiesischen Kolonien in Südamerika begannen in der Folgezeit, sich von der Fremdherrschaft zu befreien. Spätere Konflikte in Europa einten die vielen deutschen und italienischen Kleinstaaten zu zwei Nationalstaaten. In den Vereinigten Staaten löste der Streit über die Abschaffung der Sklaverei einen vierjährigen Bürgerkrieg aus.

Revolutionäre Entwicklungen in Landwirtschaft, Industrie und Verkehrswesen veränderten das Leben der Menschen, vor allem in Europa und Amerika. Kanäle und Eisenbahnen erleichterten Überlandreisen; Dampfschiffe waren viel schneller als die alten Segelschiffe. Durch neue landwirtschaftliche Methoden konnten mehr Menschen ernährt werden; viele Menschen zogen vom Land in die rasch wachsenden Städte, um dort in Fabriken zu arbeiten, in denen Maschinen die Massenproduktion von Gütern ermöglichten, die zuvor von Hand gefertigt wurden.

Um sich Rohstoffe und neue Märkte für diese Fabrikerzeugnisse zu sichern, bauten viele europäische Länder überseeische Kolonialreiche auf. Die Briten festigten ihre Herrschaft über Indien und erhoben Anspruch auf Australien und Neuseeland. Zwischen 1880 und 1900 teilten die europäischen Mächte Afrika weitgehend unter sich auf. China, Japan und Russland blieben lange vom Rest der Welt isoliert. Dank Millionen europäischer Einwanderer, die den Westen des Landes besiedelten, entwickelten sich die Vereinigten Staaten zu einer Großmacht.

1791	**1804**	**1808**	**1815**	**1837–1901**	**1848**	**1857**	**1861–1865**	**18. Januar 1871**
Thomas Paine veröffentlicht *Die Rechte des Menschen.*	Napoleon krönt sich zum Kaiser von Frankreich.	Beginn der Unabhängigkeitskriege in Südamerika.	Neuordnung Europas auf Wiener Kongress.	Herrschaft der englischen Königin Viktoria. Britisches Weltreich ist auf dem Gipfel seiner Macht.	Revolutionen erschüttern Europa.	Sepoy-Aufstand in Indien.	Amerikanischer Bürgerkrieg.	Deutsche Reichsgründung. Wilhelm I. wird deutscher Kaiser.

Das Russische Reich

PETER der Große machte das bis dahin isolierte und rückständige Russland zu einer europäischen Großmacht. Fast 40 Jahre nach seinem Tod setzte die mächtige Zarin Katharina die Große sein politisches Werk fort.

Peter der Große ließ den Sommerpalast und andere Prachtbauten in Sankt Petersburg von europäischen Baumeistern errichten. Die Stadt wurde auf durch Brücken verbundene Inseln gebaut.

PETER DER GROSSE (Peter I.) wurde 1682 mit zehn Jahren Zar von Russland – zunächst gemeinsam mit seinem Halbbruder Iwan V., nach dessen Tod 1696 als alleiniger Herrscher. Russland hatte sich seit 1639 stark vergrößert, war aber im Vergleich zum übrigen Europa sehr rückständig. Peter war fest entschlossen, das zu ändern. 18 Monate reiste er durch Europa und machte die Bekanntschaft von Königen, Wissenschaftlern, Handwerkern, Bauern und Ingenieuren, er selbst arbeitete einige Zeit auf einer niederländischen Werft. Nach seiner Rückkehr nutzte er das erworbene Wissen, um eine Flotte aufzubauen und Industrie

Peter der Große regierte Russland von 1682 bis 1725. Er war sehr hoch gewachsen und sehr energisch, mit einem Hang zur Grausamkeit – so ließ er z.B. seinen eigenen Sohn einkerkern und foltern.

In den langen russischen Wintern wurden die Räder der Kutschen durch Kufen ersetzt, damit sie über den Schnee gleiten konnten.

1672	1696	1700–1721	1703	1712	1722–1723	1725	1729
Geburt Peters des Großen.	Peter wird alleiniger Herrscher Russlands.	Großer Nordischer Krieg gegen Schweden.	Gründung von Sankt Petersburg. Peter nennt es sein „Fenster nach Europa".	Sankt Petersburg wird Russlands Hauptstadt und wichtigster Hafen.	Krieg mit Persien verschafft Russland Zugang zum Kaspischen Meer.	Peter der Große stirbt.	Geburt der zukünftigen Katharina der Großen in Preußen.

sowie Landwirtschaft zu verbessern. Er reformierte und vergrößerte die Armee und baute neue Straßen und Kanäle, um den Handel zu fördern.

Außerdem eroberte Peter im Krieg mit Schweden ein Stück Ostseeküste und damit einen ganzjährig eisfreien Hafen für Russland. Er verlegte Russlands Hauptstadt von Moskau nach Sankt Petersburg an der Ostsee. Unter Peter dem Großen mussten die Leibeigenen (Bauern) höhere Abgaben zahlen, und es ging ihnen noch schlechter als vorher. Doch zum Zeitpunkt seines Todes 1725 war Russland als Ganzes gefestigter und fortschrittlicher als zuvor.

Katharina die Große war skrupellos und ehrgeizig. Sie interessierte sich für neue Ideen, doch ihre Pläne für eine Reform des russischen Bildungswesens und der Gesetzgebung blieben unverwirklicht.

Der nächste starke Souverän Russlands war Katharina II. (die Große), die von Geburt Preußin war und 1745 den russischen Thronerben heiratete. Dieser wurde sechs Monate nach seiner Thronbesteigung 1762 ermordet, und Katharina ließ sich zur Zarin ausrufen. Wie Peter orientierte sie sich an westlichen Ideen und gewann durch Kriege mit dem Osmanischen Reich 1774 und 1792 und mit Schweden 1790 neue Gebiete für Russland hinzu. Außerdem annektierte sie große Teile Polens. Doch die Lebensbedingungen der Leibeigenen blieben nach wie vor schlecht.

Die russischen Leibeigenen führten ein äußerst mühseliges Leben. Sie mussten hohe Steuern zahlen und im Falle von Missernten hungern.

1745
Katharina heiratet ihren Vetter, den russischen Thronfolger, der später Peter III. genannt wird.

1762
Katharina wird nach dem Tod ihres Gemahls Zarin von Russland.

1773
Ein Bauernaufstand wird brutal niedergeschlagen.

1787
Auf einer Rundreise durch Russland werden Katharina gesunde, wohl genährte und gekleidete Schauspieler anstelle der echten Bauern vorgeführt.

1796
Katharina stirbt. Den Thron erbt ihr Sohn Paul I.

Die Aufklärung

AUFKLÄRUNG nennt man die geistige Strömung, die Ende des 17. Jahrhunderts aufkam und sich im 18. Jahrhundert in ganz Europa ausbreitete. Man nannte die Ära auch das „Zeitalter der Vernunft", weil man versuchte, die Gründe für alles, was geschieht, nur mithilfe des Verstandes zu begreifen. Aus diesem Ansatz entwickelten sich u. a. die modernen Naturwissenschaften. Auch neue Staatstheorien und Regeln für das Zusammenleben waren Teil der Aufklärung.

› Die von den Franzosen Denis Diderot und Jean-Baptiste le Rond d'Alembert herausgegebene *Enzyklopädie* wurde von zahlreichen Fachleuten verfasst und sollte das Wissen der damaligen Zeit sammeln. Das zwischen 1751 und 1772 veröffentlichte Lexikon bestand aus 17 Text- und 11 Bildbänden.

EINIGE EUROPÄISCHE HERRSCHER begrüßten die Gedanken der Aufklärung – ebenso Teile des Volks, das sich nicht mehr länger bevormunden lassen, sondern ein Mitspracherecht an der Regierung haben wollte. Andere fürchteten, das neue Denken werde die alte Ordnung unwiderruflich umstürzen. Der französische Philosoph René Descartes (1596–1650) vertrat die Meinung,

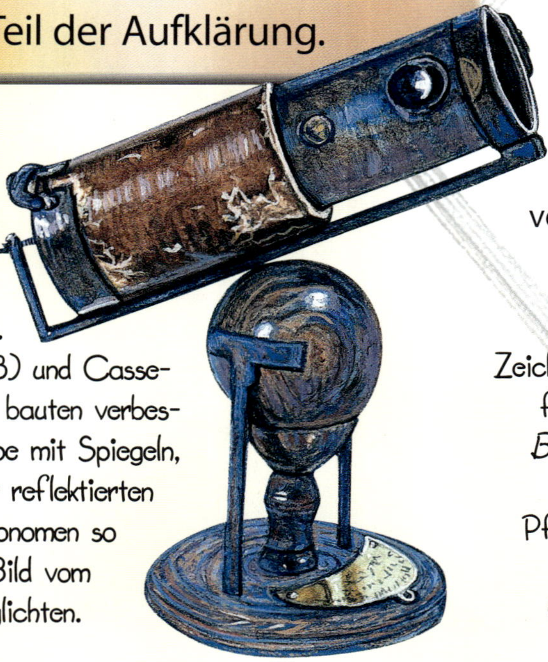

› Das Teleskop eröffnete Zugang zu neuen Welten. Newton (1668) und Cassegrain (1672) bauten verbesserte Teleskope mit Spiegeln, die das Licht reflektierten und den Astronomen so ein klareres Bild vom Weltall ermöglichten.

› Sonnenblumen – eine Zeichnung aus dem 1751 veröffentlichten Buch *Philosophia Botanica* von Carl von Linné. Er war der Erste, der das Pflanzen- und Tierreich wissenschaftlich klassifizierte und in Gattungen und Arten gliederte.

1632–1704
John Locke, englischer Philosoph. Er geht davon aus, dass alle Menschen frei und gleich sind und jegliche Regierungsbefugnis nur auf der Zustimmung der Regierten beruhen kann.

1687
Sir Isaac Newton veröffentlicht seine Theorien über das Licht und das sichtbare Spektrum, die drei Gesetze der Bewegung und das Gesetz der Schwerkraft.

1748
Der französische Staatsphilosoph Charles de Montesquieu veröffentlicht sein Hauptwerk *Vom Geist der Gesetze.* Darin entwickelt er seine Lehre der Gewaltenteilung.

1750–1753
Voltaire weilt auf Einladung Friedrichs des Großen an dessen Hof. Der französische Philosoph und der aufgeklärte Preußenkönig pflegen regen Gedankenaustausch.

EINFLUSSREICHE FRAUEN

Neue Gedanken wurden bei Treffen von Künstlern und Gebildeten ausgetauscht. Diese kamen oft in den Salons reicher Damen zusammen, um über die neuesten wissenschaftlichen Erkenntnisse, Theaterstücke, Bücher und aktuelle Themen zu diskutieren. Zwei dieser Damen waren Madame Geoffrin, hier 1725 abgebildet, und Marie-Anne de Lavoisier, die Frau des Chemikers Antoine de Lavoisier.

dass nur solche Urteile, die durch nachvollziehbare Beweise (logische Schlussfolgerungen) zustande kämen, wahr seien. Dergleichen beunruhigte die christliche Kirche und jene Herrscher, die auf ihr „gottgegebenes" Herrschaftsrecht pochten. Ein anderer französischer Denker, Voltaire (1694–1778), kritisierte die Kirche und die Regierung. Das tat auch Jean-Jacques Rousseau (1712–1778), dessen Ideen die Entwicklung beeinflussten, die zur Amerikanischen und zur Französischen Revolution führte. Weitere wichtige Aufklärer waren der deutsche Philosoph Immanuel Kant (1724–1804), der deutsche Schriftsteller Gotthold Ephraim Lessing (1729–1781) und der amerikanische Wissenschaftler, Erfinder und Politiker Benjamin Franklin (1706–1790). Die Überzeugung, dass jeder Mensch ein Recht auf Freiheit und Bildung habe und die Vernunft das Maß aller Dinge sei, prägte das 19. Jahrhundert entscheidend.

› Von dem geistreichen französischen Schriftsteller und Philosophen Voltaire stammt der Ausspruch: „Auch wenn ich Ihre Meinung nicht teile, würde ich Ihr Recht, sie zu äußern, mit meinem Leben verteidigen."

1751 Der erste Band der *Enzyklopädie* von Diderot und d'Alembert erscheint.

1751 Der Schwede Carl von Linné veröffentlicht die *Philosophia Botanica*.

1779 Lessings Toleranz-Drama *Nathan der Weise* wird uraufgeführt. 1780 erscheint seine Schrift *Die Erziehung des Menschengeschlechts*.

1781 Immanuel Kants *Kritik der reinen Vernunft* erscheint.

1788 Erstes Erscheinen der Zeitung *The Times* in London.

1791 Thomas Paines *Die Rechte des Menschen* rechtfertigt die Amerikaner in ihrem Kampf um Unabhängigkeit von Großbritannien.

1792 Mary Wollstonecraft plädiert in *Eine Verteidigung der Rechte der Frau* für gleiche Bildungschancen der Geschlechter.

Österreich und Preußen

IM 18. Jahrhundert wurde Europa von absolutistischen Monarchen dominiert. Diese unumschränkten Herrscher erbauten prachtvolle Paläste und versammelten Künstler, Musiker und Denker an ihren „aufgeklärten" Höfen. Zwei der reichsten und mächtigsten Staaten waren Österreich und Preußen.

Das Habsburger-Schloss Schönbrunn in Wien (Bauzeit 1695–1749) sollte mit seinen 1440 Räumen Versailles den Rang streitig machen.

IN ÖSTERREICH regierten die Habsburger, die in Europa seit dem 13. Jahrhundert eine Vormachtstellung einnahmen. Im frühen 16. Jahrhundert teilte der damalige Römische Kaiser Karl V. sein riesiges Reich: Eine Hälfte wurde fortan von Spanien, die andere vom österreichischen Wien regiert. 1700 erlosch die spanische Linie der Habsburger, doch

Als Maria Theresia (1717–1780) 1740 Österreichs Thron bestieg, brach ein Erbfolgekrieg mit ihren Thronrivalen aus, doch 1748 wurde ihr Anspruch anerkannt.

Wolfgang Amadeus Mozart (1756–1791) beim Klavierspiel am Hofe Maria Theresias. Das erste Mal spielte der Wunderknabe im Alter von sechs Jahren am Hof vor.

1700	1711	1713	1740	1756–1763
Österreich hat Ungarn von den Osmanen zurückerobert. Der letzte spanische Habsburger stirbt; Spanien wird von den französischen Bourbonen regiert.	Karl VI., Erzherzog von Österreich, wird Kaiser des Heiligen Römischen Reichs.	Friedrich Wilhelm I. wird König von Preußen.	Maria Theresia wird Nachfolgerin von Karl VI. Rivalen fechten ihren Anspruch auf den Thron an. Friedrich II. (der Große) wird preußischer König.	Siebenjähriger Krieg: Frankreich, Österreich und Russland kämpfen gegen Großbritannien und Preußen.

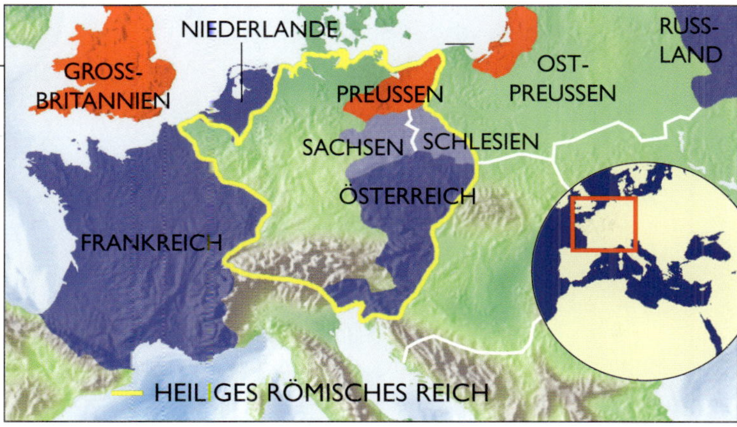

Im Siebenjährigen Krieg (1756–1763) kämpften Frankreich, Österreich und Russland gegen Preußen und Großbritannien. Am Kriegsende behielt Preußen das vorher zu Österreich gehörende Schlesien. Die Briten sicherten sich französische Kolonien in Indien und Amerika.

die österreichischen Habsburger bewahrten ihre Macht. Ab 1740 herrschte Maria Theresia über Österreich und das von den Türken zurückeroberte Ungarn. Sie stellte Österreichs Macht wieder her und machte Wien zu einem Zentrum der Künste, an dessen großen Bauprojekten Künstler aus ganz Europa mitwirkten. Ihr Nachfolger wurde 1780 ihr Sohn Joseph II., ein Anhänger der Aufklärung, wenn auch kein Demokrat, der die Leibeigenschaft und die Vorrechte des Adels abschaffte.

Friedrich II. (der Große) wurde 1740 König von Preußen. Er war ein überragender Feldherr und machte aus dem wohl organisierten Staat mit seiner schlagkräftigen Armee eine europäische Großmacht.

Friedrich der Große (1712–1786) von Preußen war ein kultivierter und aufgeklärter, aber auch strenger Herrscher. Er förderte die wissenschaftliche und landwirtschaftliche Forschung und verbesserte das Erziehungswesen.

1765
Maria Theresia regiert das Heilige Römische Reich gemeinsam mit ihrem Sohn Joseph.

1772
Erste Teilung Polens durch Österreich, Preußen und Russland.

1780
Joseph II. wird Nachfolger von Maria Theresia.

1781
Joseph II. leitet wichtige Reformen ein und schafft die Leibeigenschaft ab.

1786
Tod Friedrichs des Großen.

1795
Aufteilung Polens zwischen Österreich, Preußen und Russland. Polen verschwindet als Staat bis 1919 von der Landkarte.

Amerikanische Revolution

MITTE des 18. Jahrhunderts gab es 13 britische Kolonien in Nordamerika. Und nach dem Sieg im Siebenjährigen Krieg (1756–1763) gegen Frankreich herrschten die Briten auch über Kanada. Großbritannien regierte die amerikanischen Kolonien autoritär, doch die Siedler forderten Mitbestimmung und rebellierten. Durch die Amerikanische Revolution wurden die britischen Kolonien als Vereinigte Staaten von Amerika unabhängig.

Die Unabhängigkeitserklärung wurde am 4. Juli 1776 von Vertretern der 13 Kolonien unterzeichnet. Damit lösten sich diese von Großbritannien und gründeten die Vereinigten Staaten.

GROSSBRITANNIEN ERHOB von seinen amerikanischen Untertanen Steuern, um die Verteidigung Nordamerikas zu finanzieren. Die etwa zwei Millionen Siedler erzeugten ihre Nahrung und andere Bedarfsgüter weitgehend selbst, waren aber unzufrieden, weil sie Steuern auf importierten Tee und bestimmte Rechtsdokumente zahlen sollten. Sie hatten keine Vertreter im britischen Parlament und erklärten, dass die

Die zum Kampf in europäischen Kriegen ausgebildeten britischen Truppen taten sich in Amerika schwer. Wenn sie in dichten Reihen antraten, um ihre Salven abzufeuern, boten sie den amerikanischen Scharfschützen ein leichtes Ziel. Die britischen Infanteristen (links) wurden wegen ihrer roten Uniformjacken „Rotröcke" genannt.

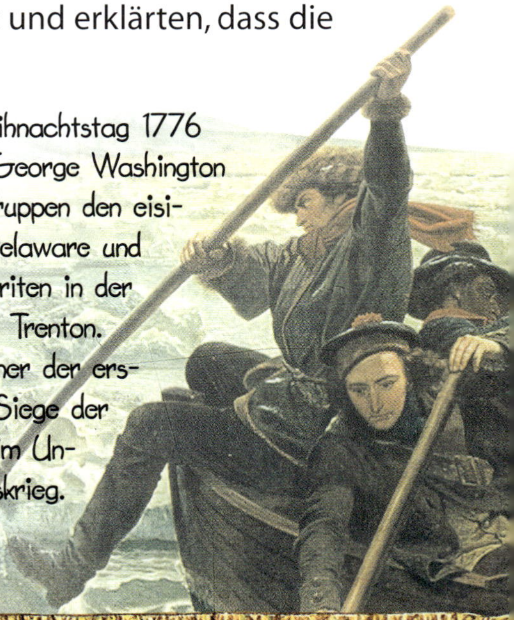

Am Weihnachtstag 1776 überquerte George Washington mit seinen Truppen den eisigen Fluss Delaware und schlug die Briten in der Schlacht bei Trenton. Dies war einer der ersten großen Siege der Amerikaner im Unabhängigkeitskrieg.

1765
Erste Proteste gegen britische Steuern in den amerikanischen Kolonien.

1770
Bei einem Massaker in Boston feuern britische Soldaten in eine Menschenmenge und töten fünf Siedler.

1773
Boston Tea Party: Im Hafen von Boston werfen Siedler aus Protest gegen die Steuer auf Tee die Teeladung britischer Schiffe über Bord.

1775
Beginn des amerikanischen Unabhängigkeitskriegs.

1776
Am 4. Juli unterzeichnen die Vertreter der Kolonien die Unabhängigkeitserklärung.

1777
Sieg über die Briten bei Saratoga, New York. Frankreich unterstützt die Amerikaner. Die Briten erobern Philadelphia, Pennsylvania.

Besteuerung ohne Recht auf Mitbestimmung Tyrannei sei. Daraufhin entsandte Großbritannien Soldaten. Im April 1775 kam es zum Zusammenstoß zwischen bewaffneten Siedlern und britischen Truppen bei Lexington, Massachusetts. Die Siedler gründeten eine eigene Armee unter dem Kommando von George Washington, und am 17. Juni kam es bei Bunker Hill nahe Boston zur ersten Schlacht . Die Briten siegten, doch der Unabhängigkeitskrieg – die Amerikanische Revolution – hatte damit erst begonnen.

PAUL REVERE

Paul Revere war einer der Helden des Unabhängigkeitskriegs. Der Silberschmied ritt in der Nacht des 18. April 1775 von Boston nach Lexington, um die Siedler vor den anrückenden britischen Soldaten zu warnen. Obwohl er gefangen genommen wurde, war sein Kurierritt erfolgreich.

Während die Kämpfe weitergingen, unterzeichneten die Vertreter der Kolonien am 4. Juli 1776 die Unabhängigkeitserklärung, die von den Briten nicht anerkannt wurde. Unter Washingtons Kommando gewann die amerikanische Armee allmählich die Oberhand über die Briten. Frankreich, Spanien und die Niederlande unterstützten die Amerikaner. Der Krieg endete 1781. Zwei Jahre später erkannte Großbritannien die Unabhängigkeit der Vereinigten Staaten von Amerika an.

1778	1779	1780	1781
Die Briten erobern Savannah, Georgia.	Spanien beteiligt sich auf amerikanischer Seite am Krieg.	Niederländer greifen auf Seiten der Amerikaner in den Krieg ein. Britischer Sieg bei Charleston, South Carolina.	Die Briten kapitulieren nach der Belagerung in Yorktown, Virginia.

Französische Revolution

DIE FRANZÖSISCHE Revolution von 1789 erschütterte ganz Europa. Sie begann als Aufstand gegen den Hunger und für Gerechtigkeit und Demokratie. Das französische Volk, das bei der Regierung des Landes kaum Mitspracherecht besaß, erhob sich gegen die „alte Ordnung". Das jahrelange Blutvergießen führte zum Aufstieg eines Diktators, der sich selbst zum Kaiser krönte – Napoleon Bonaparte.

1793 begann Maximilien de Robespierre (1758–1794) seine Schreckensherrschaft. Im Laufe der nächsten neun Monate wurden tausende Gegner der Revolution hingerichtet, bis Robespierre selbst verhaftet wurde und unter der Guillotine endete.

DIE FRANZÖSISCHE GESELLSCHAFT war im 18. Jahrhundert in drei Klassen oder „Stände" unterteilt. Der erste Stand waren die Adeligen, der zweite die Geistlichen, der dritte alle anderen. Steuern zahlte nur der dritte Stand. Nicht nur die armen, auch die gebildeteren Menschen, die sich mit den Ideen der Aufklärung befasst hatten, waren gegen die Ungerechtigkeit dieses Systems. Ihre Unzufriedenheit wuchs 1788, als Missernten die Preise in die Höhe trieben und Hungersnöte auslösten. Nach Jahren königlicher Verschwendung und kostspieliger Kriege hatte die Regierung kaum noch Geld, um diese Krise zu bewältigen. Als 1789 König Ludwig XVI. die Generalstände (die französische Version eines Parlaments) einberief, um mehr Geld aufzubringen, erklärte der dritte Stand, wenn er Steuern zahlen müsse, wolle er auch bei der Regierung des Landes mitbestimmen. Ludwig XVI. verweigerte dies.

Die Rebellen erklärten sich zur Nationalversammlung und weigerten sich, Versailles zu verlassen, bis Ludwig ihre Forderungen erfülle.

Während der Schreckensherrschaft wurden rund 500 000 Menschen verhaftet und 17 000 davon öffentlich durch die Guillotine enthauptet. Unter den ersten Opfern waren viele Adelige, die als „Volksfeinde" verurteilt wurden.

5. Mai 1789
Die Generalstände treten zum ersten Mal seit 1614 zusammen. Der dritte Stand spaltet sich ab und gründet die Nationalversammlung.

14. Juli 1789
Mit der Erstürmung der Bastille beginnt die Französische Revolution.

26. August 1789
Erklärung der Menschenrechte.

5. Oktober 1789
Der König und seine Familie werden vom Volk festgenommen und als Gefangene nach Paris gebracht.

1791
Die Königsfamilie versucht zu fliehen, wird aber nach Paris zurückgebracht.

MARIE ANTOINETTE

Marie Antoinette (1755–1793), Tochter der Maria Theresia von Österreich, war nach ihrer Heirat mit König Ludwig XVI. von Frankreich anfänglich populär, brachte das Volk durch ihre Arroganz aber bald gegen sich auf. Als die Pariser revoltierten, weil es zu wenig Brot gab, sagte sie angeblich: „Sollen sie doch Kuchen essen!"

Kurz darauf stürmte das Volk in Paris das Staatsgefängnis, die Bastille; überall brachen Aufstände aus. Die Nationalversammlung gab eine Menschenrechtserklärung ab: Zu den Grundrechten zählten Freiheit, Gleichheit und das Recht, sich gegen Unterdrückung zu wehren. Ludwig XVI. und seine Familie wurden bis 1793 eingekerkert; dann wurde der König zum Tode verurteilt und enthauptet. Damit begann die Schreckensherrschaft unter Robespierre, der tausende Menschen hinrichten ließ. Österreich, Großbritannien, die Niederlande, Preußen und Spanien zogen gegen Frankreich in den Krieg. Dies beunruhigte Robespierres Bundesgenossen, die nun ihn selbst exekutierten. Die Gefahr eines Bürgerkriegs begünstigte 1795 den Aufstieg eines ehrgeizigen französischen Offiziers – Napoleon Bonaparte.

1792
Frankreich wird zur Republik erklärt.

1793
Ludwig XVI. wird im Januar hingerichtet, Marie Antoinette im Oktober. Beginn der Schreckensherrschaft. Niederlande, Österreich, Großbritannien, Preußen und Spanien führen Krieg gegen Frankreich.

1794
Mit Robespierres Hinrichtung endet die Schreckensherrschaft. Frankreich wird ab 1795 von einem „Direktorium" regiert.

5. Oktober 1795
Napoleon Bonaparte verteidigt Paris gegen Rebellen und beginnt damit seinen Aufstieg zur Macht.

Australien und Neuseeland

IM SPÄTEN 18. Jahrhundert entdeckten die Europäer Australien und Neuseeland und ihre Ureinwohner, die Aborigines und die Maori, wieder. Die Besiedelung Australiens durch die Briten begann 1788; Neuseeland wurde 1840 britische Kolonie. In beiden Ländern siedelten sich europäische Auswanderer an.

Ein Nachbau der Dreimastbark Endeavour, auf der James Cook 1768 zur Erkundung des Südpazifiks aufbrach. Wissenschaftler und Künstler an Bord dokumentierten die Pflanzen, Tiere und Menschen, die ihnen auf der Reise begegneten.

Die Karte zeigt die Fahrten der Niederländer Willem Janszon und Abel Tasman nach Australien und Neuseeland (17. Jahrhundert) und die drei großen Entdeckungsreisen (1768–1779) des Engländers James Cook.

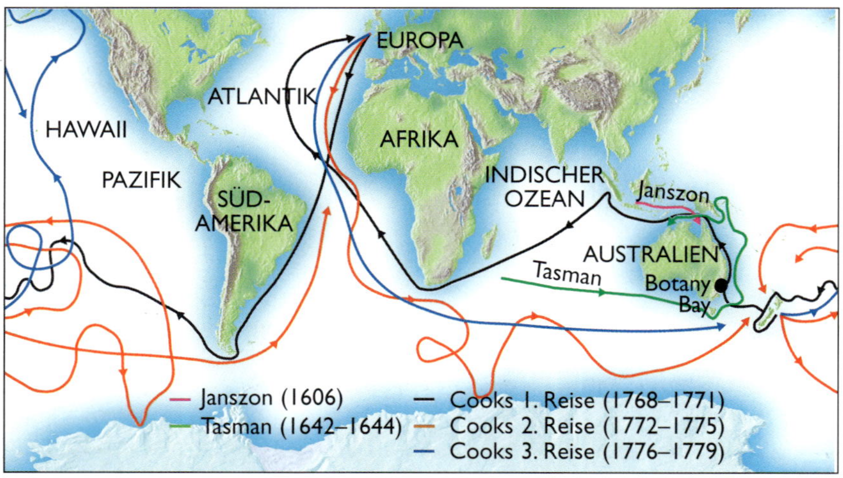

DER BRITISCHE SEEFAHRER James Cook unternahm im 18. Jahrhundert drei Entdeckungsreisen in den Pazifik, die erste begann 1768. Cook segelte rund um Neuseeland und dann weiter zur Ost- und Nordküste Australiens. Er landete in der Botany Bay an der südöstlichen Küste und nahm die Region für Großbritannien in Besitz. Auf seiner zweiten Reise erkundete er zahlreiche pazifische Inseln. Die dritte Reise, 1776, führte ihn zurück nach Neuseeland. Danach erforschte er die Pazifikküste Südamerikas und segelte schließlich nach Hawaii.

1788 wurden die ersten Sträflinge von Großbritannien zur Strafkolonie Port Jackson in Australien verschifft. Einige blieben nach Verbüßung ihrer Strafe dort; ab

1768–1771
James Cooks 1. Reise in den Südpazifik.

1772–1775
James Cooks 2. Reise in den Südpazifik.

1776–1779
Cooks 3. und letzte Reise in den Südpazifik. 1779 wird er im Streit mit Hawaiianern getötet.

1788
Beginn der Sträflingsdeportationen von Großbritannien nach Australien.

1793
Die ersten freien Siedler aus Großbritannien siedeln rund um die australische Botany Bay.

1803
Ankunft der ersten britischen Siedler in Tasmanien.

1813
Einfuhr von Merinoschafen (aus Spanien) nach Australien. Die Siedler haben sich nord- und westwärts bis über die Blue Mountains hinaus ausgebreitet.

ABORIGINES UND MAORI

Die australischen Ureinwohner oder Aborigines wurden von den Europäern unterdrückt, getötet oder starben an eingeschleppten europäischen Krankheiten. Bei James Cooks Ankunft in Neuseeland lebten dort rund 100 000 Maori. Als die ihnen im Vertrag von Waitangi von den Briten zugesicherten Rechte missachtet wurden, kam es zum Krieg, in dem die Maori 1848 unterlagen.

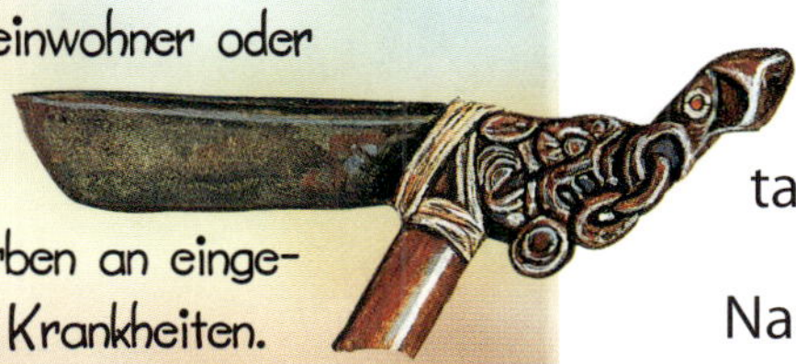

1793 ließen sich auch freie Siedler rund um die Botany Bay nieder. Städte wurden gebaut; Forschungsreisende durchquerten den Kontinent. Die Siedler hatten wenig Achtung vor den Ureinwohnern, denen sie ihr Land wegnahmen. 1850 endete die Deportation von Sträflingen nach Australien.

Nach Cook kamen die Franzosen nach Neuseeland, die aber durch die Feindseligkeit der Maori abgeschreckt wurden. Im frühen 19. Jahrhundert gab es Kontakte mit europäischen Walfängern, Robbenjägern und christlichen Missionaren. 1840 traten die Maori-Häuptlinge ihr Land im Vertrag von Waitangi an die Briten ab: Neuseeland wurde britische Kolonie.

Kapitän James Cook und seine Männer begegneten den Maori das erste Mal, als sie 1769–1770 die neuseeländische Küste kartografierten. Cook wurde 1779 auf Hawaii von Insulanern getötet.

1840
Maori-Häuptlinge unterzeichnen den Vertrag von Waitangi, der ihnen Landrechte und britische Staatsbürgerrechte garantiert. Die Nichteinhaltung des Vertrags führt zum Krieg (1843–1848).

1851
Die Entdeckung von Gold im australischen Bundesland Victoria löst einen Goldrausch aus.

Napoleonische Kriege

DER KORSE Napoleon Bonaparte (1769–1821) stieg vom Artillerieoffizier bis zum Kaiser von Frankreich auf. Er war entschlossen, Europa gewaltsam zu reformieren und unter seiner Herrschaft zu einen. Seine Eroberungskriege prägten den Beginn des 19. Jahrhunderts.

In Landschlachten war Napoleon durch den geschickten Einsatz seiner Artillerie (Kanonen) überlegen. Großbritannien versuchte er durch Blockade seiner Handelsbeziehungen zum Friedensschluss zu zwingen, doch auf See unterlag er.

NAPOLEON, auf der Insel Korsika geboren, trat 1785 in die französische Armee ein. Er unterstützte die Französische Revolution und besiegte 1793 gegenrevolutionäre Kräfte bei Toulon. 1795 rief man ihn nach Paris, um die Stadt gegen einen Royalistenaufstand zu verteidigen. 1796 wurde er Befehlshaber der französischen Armee in Italien. Er rang Österreich die Herrschaft über Italien ab und machte sich dann auf den Weg nach Ägypten, um den britischen Handelsweg nach Indien zu blockieren. 1798 schlug er die Ägypter in der Schlacht bei den Pyramiden. Doch nachdem die britische Marine unter Admi-

In der Schlacht bei Austerlitz siegte im Dezember 1805 eine 73 000 Mann starke französische Armee unter Napoleon und seinen Generälen Soult und Bernadotte über 87 000 Österreicher und Russen.

1785	1795	1797	1798	1799	1804	1805
Napoleon wird Offizier der französischen Armee.	Napoleon verteidigt Paris gegen aufständische Royalisten und verhindert einen Bürgerkrieg.	Eine französische Armee unter Napoleon vertreibt Österreich aus großen Teilen Norditaliens.	Nelson besiegt die französische Flotte in der Schlacht am Nil in Ägypten.	Napoleon kehrt nach Frankreich zurück und ergreift die Macht.	Napoleon krönt sich zum Kaiser von Frankreich.	Nelson schlägt die französische Flotte in der Schlacht bei Trafalgar. Napoleons Armee besiegt Österreicher und Russen bei Austerlitz.

ral Nelson die französische Flotte bei Abukir vernichtet hatte, kehrte Napoleon nach Frankreich zurück und bereitete alles vor, um als Alleinherrscher gebieten zu können. 1799 stürzte er das Direktorium, das Frankreich regierte. Die meisten Franzosen waren froh, wieder einen starken Herrscher zu haben, und wählten Napoleon zum Ersten Konsul. Er führte ein neues Gesetzbuch ein, den Code Napoléon, der auf Grundsätzen der Französischen Revolution basierte. 1804 krönte er sich zum Kaiser von Frankreich.

Napoleon gewann viele Schlachten gegen Preußen, Österreich und Russland. Der Sieg der Briten unter Admiral Horatio Nelson in der Seeschlacht bei Trafalgar 1805 vereitelte aber seine Pläne, Großbritannien zu erobern. 1807 marschierte Napoleons Armee durch Spanien und eroberte Portugal; 1808 ernannte er seinen Bruder zum König von Spanien. Großbritannien entsandte daraufhin Truppen zur Unterstützung des Spanischen Unabhängigkeitskriegs.

Die Karte zeigt das französische Kaiserreich unter Napoleon I. und die wichtigsten Schlachten der Napoleonischen Kriege.

1812 marschierte Napoleon mit seiner Großen Armee nach Russland ein, doch der russische Winter zwang ihn zum Rückzug. 1813 begann der Zusammenbruch des französischen Reichs. Napoleon dankte 1814 als Kaiser ab, floh aber ein Jahr später aus dem Exil auf Elba und stellte eine neue Armee auf. Doch die Niederlage bei Waterloo 1815 besiegelte sein Schicksal: Er wurde auf die Insel Sankt Helena verbannt, wo er 1821 starb.

Karikatur des Herzogs von Wellington (nach dem die Briten ihre Gummistiefel benannten). Er führte die britische Armee in Spanien und Portugal an und schlug Napoleon bei Waterloo (im heutigen Belgien).

1806	1807	1808	1810	1812	1814	1815
Napoleons Armee besiegt die Preußen bei Jena und Auerstedt.	Napoleons Armee besiegt die Russen bei Friedland. Frankreich erobert Portugal.	Napoleon ernennt seinen Bruder zum König von Spanien. Ausbruch des Spanischen Unabhängigkeitskriegs.	Napoleon heiratet Marie-Louise, Tochter des österreichischen Kaisers.	Napoleons Armee marschiert in Russland ein, muss aber dem harten Winter weichen. In Spanien unterliegt die französische Armee bei Salamanca.	Napoleon wird zur Abdankung gezwungen und auf die Insel Elba vor Italien verbannt.	Napoleon entkommt von Elba, wird aber bei Waterloo endgültig geschlagen.

Die industrielle Revolution

UM die Mitte des 18. Jahrhunderts begann durch die technischen Fortschritte eine Entwicklung, die die Gesellschaft von Grund auf veränderte. Tausende zogen zum Arbeiten vom Land in die Industriestädte.

1830 wurde in England die erste im Linienverkehr eingesetzte Dampflokomotive gebaut.

ZWEI EREIGNISSE des frühen 18. Jahrhunderts bereiteten der industriellen Revolution den Weg: Abraham Darbys Entdeckung, dass Koks ein besserer Brennstoff zum Schmelzen von Eisen ist als Holzkohle, und Thomas Newcomens Erfindung einer verbesserten Dampfmaschine zum Abpumpen von Wasser aus Kohlenbergwerken. Dadurch konnten fortan mehr Kohle gefördert und hochwertigeres Eisen für die Industrie erzeugt werden.

Bis in die 1760er wurden die meisten Produkte in Heimarbeit oder in kleinen Werkstätten von Hand gefertigt. Metallarbeiter machten Nägel, Nadeln und Messer; Spinner und Weber produzierten Woll- und

Die erste öffentliche Eisenbahnstrecke – von Stockton nach Darlington in England – wurde 1825 eröffnet. Ab 1830 setzte man Dampflokomotiven ein, die kutschenähnliche Wagen zogen.

1698	1709	1712	1733	1742	1764	1769
Thomas Saverys Dampfmaschine zum Abpumpen von Wasser aus Bergwerken.	Abraham Darby entdeckt Koks als Brennstoff für die Eisenschmelze.	Thomas Newcomen verbessert die Dampfmaschine.	John Kay erfindet den Webstuhl mit fliegendem Weberschiffchen.	Erste Baumwollfabriken in England.	James Hargreaves erfindet die „Spinnende Jenny“.	James Watt entwickelt eine effizientere Dampfmaschine. Richard Arkwright erfindet eine Spinnmaschine mit Wasserkraftantrieb. Josiah Wedgwood betreibt Keramikfabriken.

DIE SPINNENDE JENNY

Ihr Erfinder James Hargreaves, ein armer Garnspinner, benannte die Maschine nach seiner Tochter Jenny. Einige seiner Maschinen wurden von anderen Handspinnern zerstört, die fürchteten, dass sie durch die Erfindung ihre Arbeit verlieren würden.

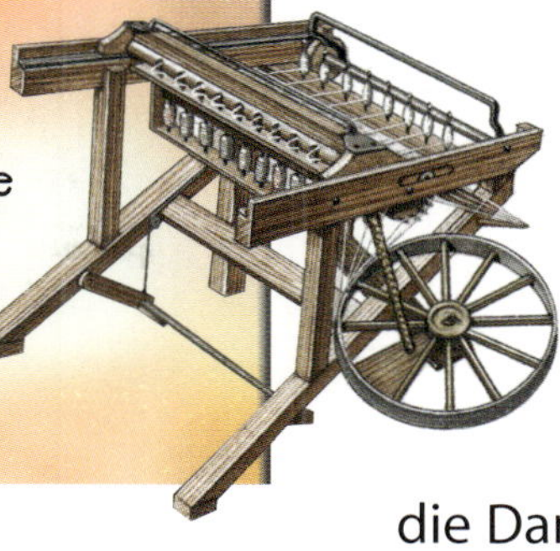

Leinenstoffe. Doch im 18. Jahrhundert wuchs die Nachfrage nach Baumwollstoffen, die zunächst aus Indien eingeführt wurden. Dann importierte man auch Rohbaumwolle zur Stoffherstellung nach Großbritannien.

1733 beschleunigte die Erfindung des „fliegenden Weberschiffchens" den Webvorgang so, dass die Spinnräder nicht mehr genug Garn produzieren konnten, um die Weber zu versorgen. 1764 erfand James Hargreaves die „Spinnende Jenny", eine Spinnmaschine, die acht Fäden gleichzeitig spann. Fünf Jahre später folgte Richard Arkwrights durch Wasserkraft angetriebene Spinnmaschine. Man errichtete für die neuen Maschinen Fabriken an Flussufern, und die Baumwollindustrie wuchs rasant. Ab 1790 wurde dann auch die von James Watt weiterentwickelte Dampfmaschine als Antrieb für diese Produktionsmaschinen eingesetzt. Damit stieg der Bedarf an Kohle – um das Wasser zur Dampfproduktion zu erhitzen – und an Eisen – um die Dampf- und Produktionsmaschinen herzustellen. Kanäle (und später Eisenbahnstrecken) wurden gebaut, um Rohstoffe zu den Fabriken und fertige Produkte zu den Märkten zu befördern. Die Städte wuchsen rasch, doch die Wohn- und Arbeitsbedingungen waren oft erbärmlich; Hunger, Krankheiten und Arbeitsunfälle waren an der Tagesordnung.

Englische Kohlengrube (1792) mit einer Dampfmaschine, die das Wasser aus der Grube abpumpte. Dampfmaschinen dienten auch als Antrieb für Produktionsmaschinen in den Fabriken.

Kinder ab fünf Jahren arbeiteten in den Kohlengruben und mussten schwere Lasten ziehen oder den ganzen Tag im Dunkeln sitzen, um Belüftungstüren zu öffnen und zu schließen.

1779 Bau der ersten Eisenbrücke.	**1799** Dampfmaschinen als Antrieb für Getreidemühlen, Papier- und Textilfabriken.	**1811** Beginn der Ludditen-Proteste gegen die neuen Maschinen.	**1815** Humphry Davy erfindet eine Sicherheitslampe, die Bergleute vor Grubengas warnt.	**1825** Erste öffentliche Eisenbahnstrecke in England (zwischen Stockton und Darlington).	**1842** Das britische Parlament verbietet Untertagearbeit in Kohlengruben für Frauen und für Kinder unter zehn Jahren.

Europa in Aufruhr

NACH dem Ende der Napoleonischen Kriege 1815 herrschte in Europa großes Chaos. Die alten Regierungen mit ihren überkommenen Prinzipien wurden wiederhergestellt, doch Industrialisierung und Demokratiebewegungen kündigten eine neue Ära an. Als die Reformforderungen des Volks ignoriert wurden, rebellierten in ganz Europa viele Menschen, die immer noch keinerlei Einfluss darauf hatten, wie sie regiert wurden.

Die wichtigsten Zentren der Aufstände im Revolutionsjahr 1848. Erst Ende 1849 waren alle diese Revolten unterdrückt oder beigelegt worden.

IN FRANKREICH wurde 1830 in der Julirevolution der unbeliebte Karl X. durch den „Bürgerkönig“ Ludwig Philipp I. ersetzt. Zeitungsberichte über diesen Aufstand entzündeten Proteste auch in anderen Ländern. Innerhalb von zwei Jahren befreite sich Griechenland von der Herrschaft der

Türken, und Belgien erklärte seine Unabhängigkeit von den Niederlanden.

1848 brach in Berlin ein Volksaufstand aus. Preußische Soldaten gingen erbarmungslos gegen die teils bewaffneten Männer vor, die Reformen und die nationale Einheit Deutschlands forderten.

1848 kam es in Europa zu so vielen Revolutionen und Protestaktionen, dass es als „Revolutionsjahr" in die Geschichte einging. In Großbritannien demonstrierten die Chartisten für politische Reformen und allgemeines Wahlrecht. In Paris schossen Soldaten auf Aufständische, die allgemeines Wahlrecht und eine neue Republik forderten. In Belgien, Dänemark und den Niederlanden hingegen wurden friedlich Reformen durchgeführt.

In Deutschland sehnten sich viele Menschen nach der Vereinigung aller deutscher Kleinstaaten zu einem Nationalstaat, und auch die Italiener wünschten sich ein geeintes Italien. Dagegen wollten sich vom riesigen Österreich viele Volksgruppen mit eigener Sprache als selbstständige Staaten abspalten.

Das Revolutionsjahr 1848 begann mit einer kleinen Revolte auf Sizilien. Sie gab den Anstoß zu einem Aufstand in Frankreich, und bald griff der revolutionäre Geist auf ganz Europa über.

Bis Ende 1849 waren die 1848 ausgebrochenen Revolutionen weitgehend niedergeschlagen. Doch die ihnen zugrunde liegenden Ideen ließen sich nicht unterdrücken. Viele Regierungen erkannten, dass Reformen unvermeidlich waren. Fortschrittliche Denker suchten neue Regierungsformen und Möglichkeiten gerechterer Besitzverteilung. Die Sozialisten Karl Marx und Friedrich Engels veröffentlichten ihre Ideen 1848 als Kommunistisches Manifest – sie beeinflussten stark das künftige Geschehen.

Der Ire Feargus O'Connor (1794–1855) wurde 1832 ins britische Parlament gewählt. Er forderte das Wahlrecht für alle männlichen Bürger und war von 1841 bis 1848 das Oberhaupt der Chartistenbewegung.

1831	1832	1838	1844	1848	1848–1849
Belgien erklärt seine Unabhängigkeit von den Niederlanden.	Griechenland wird vom Osmanischen Reich unabhängig.	In Großbritannien wird die *People's Charta*, ein politisches Reformprogramm, veröffentlicht. Ihre Unterstützer werden Chartisten genannt.	Friedrich Engels studiert das Leben der Arbeiterklasse im englischen Manchester.	Revolutionen erschüttern weite Teile Europas.	In der Frankfurter Paulskirche berät die Nationalversammlung eine gesamtdeutsche Verfassung.

Das britische Weltreich

KÖNIGIN VIKTORIA bestieg den britischen Thron 1837 und regierte bis zu ihrem Tod 1901. Unter ihrer langen Regentschaft wurde Großbritannien als Herrscher über ein riesiges Kolonialreich zum mächtigsten Land der Welt. Aus dem britischen Weltreich entstand später das heutige Commonwealth, ein Zusammenschluss unabhängiger Staaten.

Königin Viktoria (1819–1901) war bei ihrer Thronbesteigung erst 18, entwickelte aber großes Interesse an der Regierung des Weltreichs und war höchst erfreut, 1876 Kaiserin von Indien zu werden.

GROSSBRITANNIENS REICHTUM stammte großenteils aus seinen Kolonien. Schon im 17. und 18. Jahrhundert wurden Kolonien und Handelsstationen in Kanada, Indien, Australien und der Karibik gegründet.

Durch den Wiener Kongress am Ende der Napoleonischen Kriege kamen noch einige hinzu. Unter Viktorias Herrschaft sicherte sich Großbritannien weitere Kolonien, u. a. Neuseeland, viele Inseln im Pazifik und Atlantik, Teile des Fernen Ostens und große Gebiete in Afrika. Zur Zeit seiner größten Ausdehnung im späten 19. Jahrhundert umfasste das britische Weltreich ein Viertel der Landfläche und ein Viertel der Bevölkerung der Erde.

Sogar die Werbung nahm oft Bezug auf das britische Weltreich. Dieses Plakat für ein Heißgetränk appellierte an die patriotischen Gefühle während der Burenkriege von 1899 bis 1902.

DER KRIMKRIEG

Im Krimkrieg (1853–1856) kämpften die Türkei, Frankreich und Großbritannien gegen Russland. Tausende britischer Soldaten starben an Krankheiten und mangelnder Versorgung. Florence Nightingale verbesserte mit ihrem Krankenschwesternteam die Krankenverpflegung, plante Lazarette und gründete Großbritanniens erste Schwesternschule.

1763	1788	1808	1815	1829	1830	1839–1842	1840
Briten bringen Kanada in ihren Besitz.	Erste britische Ansiedlung in Australien.	Sierra Leone wird britische Kolonie.	Großbritannien erhält durch den Wiener Kongress die Kapkolonie (Südafrika), Ceylon (Sri Lanka), Mauritius, Malta und französische Karibikinseln.	Großbritannien nimmt ganz Australien in Besitz.	Großbritannien beherrscht die Goldküste (Ghana).	Briten führen Opiumkriege, um Öffnung Chinas für den Handel zu erzwingen.	Großbritannien sichert sich Neuseeland durch den Vertrag von Waitangi.

Das britische Weltreich wuchs im 19. Jahrhundert stetig weiter. Man nannte dieses größte Reich der Weltgeschichte „das Reich, in dem die Sonne nie untergeht."

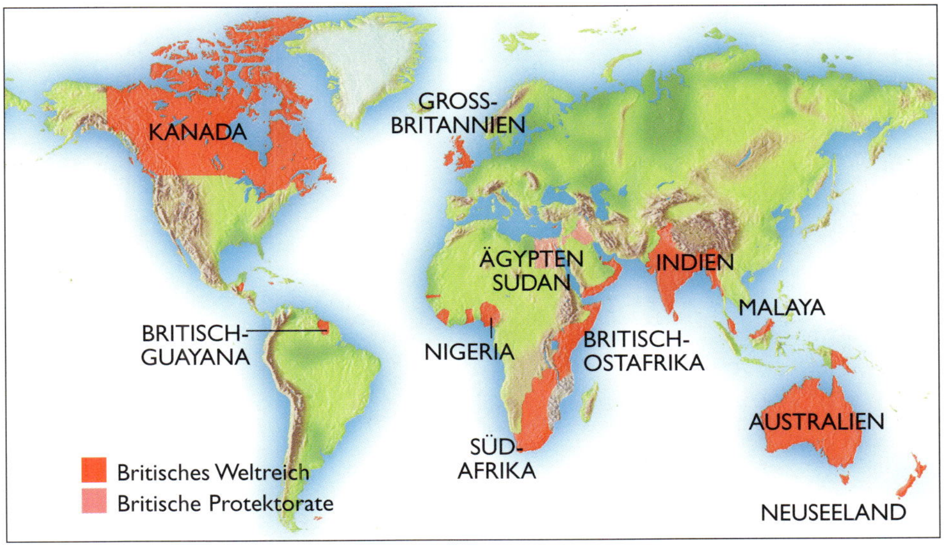

Die Kolonien lieferten Rohstoffe für die britischen Fabriken und dienten als Märkte für deren Produkte. Einige wurden zunächst von Handelsgesellschaften verwaltet, so z. B. Indien durch die Ostindische Kompanie, später jedoch direkt von Großbritannien regiert. In vielen Kolonien wurden Plantagen zum Anbau von Tee, Zucker, Kaffee, Gewürzen, Kautschuk und Baumwolle angelegt.

Indische Häfen wie Madras und Kalkutta wurden zu wichtigen Handelszentren des britischen Reichs.

Das britische Weltreich, zu dem viele Millionen Menschen zählten, brachte britische Gesetzgebung, Technik und Kultur in viele Teile der Welt. Doch um 1900 verlor Großbritannien seine Überlegenheit als Industriemacht, und sein Reich begann durch das Unabhängigkeitsstreben vieler Länder zu zerfallen.

1843 Gambia in Westafrika wird britische Kolonie.

1853–1856 Krimkrieg.

1857–1858 Nach dem Sepoy-Aufstand wird Indien direkt von Großbritannien regiert.

1860 Lagos (Nigeria) wird Teil des britischen Reichs.

1867 Kanada wird selbstverwaltetes Dominion.

1875 Großbritannien erwirbt Anteile der Suezkanal-Gesellschaft, um den Handelsweg nach Indien zu beherrschen.

1876 Viktoria wird zur Kaiserin von Indien gekrönt.

1882 Großbritannien besetzt Ägypten.

1901 Königin Viktoria stirbt.

Amerikanischer Bürgerkrieg

DER BÜRGERKRIEG zwischen den Nord- und den Südstaaten spaltete die USA und hinterließ auf beiden Seiten bitteren Groll. Er wurde geführt, um die Sklaverei zu beenden und die Loslösung des Südens von der Union zu verhindern.

IN DEN NORDSTAATEN gab es die größten Städte und die meisten Fabriken. Im Norden wurde die Sklaverei 1820 abgeschafft, doch die Südstaaten, in denen es kaum Industrie, dafür aber viele große Plantagen gab, waren auf die Arbeit der Sklaven angewiesen und erlaubten daher die Sklavenhaltung weiterhin. 1861 wurde Abraham Lincoln zum Präsidenten gewählt. Er gelobte, die Sklaverei in den Vereinigten Staaten zu beenden. Viele Südstaatler betrachteten dieses Vorhaben als massiven Eingriff in ihre Lebensweise. Daher verkündeten 1861 elf der südlichen Staaten ihren Austritt aus der Union und die Gründung einer eigenen Konföderation. Als die Regierung ihnen dies untersagte, brach der Bürgerkrieg (Sezessionskrieg) aus.

General Ulysses S. Grant (1822–1885) führte durch seine Entschlossenheit die Unionstruppen zum Sieg und war von 1869 bis 1877 Präsident der Vereinigten Staaten.

Die 23 Unionsstaaten (Nordstaaten) verfügten über mehr Soldaten und mehr Geld als die Konföderation, und ihre Industrie lieferte Waffen und sonstige Ausrüstung für den Krieg. Durch ihre Kontrolle über die Marine konnten sie die Häfen der Südstaaten blockieren, um Versorgungslieferungen aus dem Ausland und den für den Süden wichtigen Export von Baumwolle zu verhindern.

In der Schlacht von Bull Run, Virginia, 1861, besiegten die Truppen der Konföderierten (rechts) unter den Generälen „Stonewall" Jackson und Beauregard die Unionsarmee (links). Es war die erste große Schlacht des Bürgerkriegs.

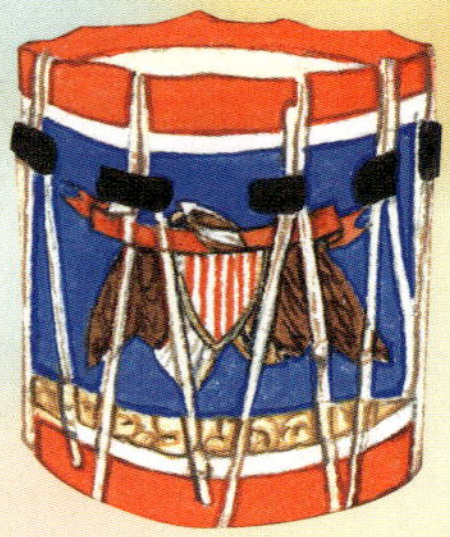

MODERNE KRIEGSFÜHRUNG

Der Amerikanische Bürgerkrieg wurde mit neuen Waffen wie Repetiergewehren (Mehrladern), eisengepanzerten Schiffen, U-Booten und sogar Heißluftballons (zur Beobachtung der gegnerischen Truppenbewegungen) geführt. Eisenbahnen und Telegrafen beschleunigten Nachschub und Nachrichtenübermittlung. Der Krieg kostete über 600 000 Menschen das Leben.

1861
Bürgerkrieg beginnt mit dem Angriff konföderierter Truppen auf die Unionsgarnison von Fort Sumter, South Carolina.

GENERAL ROBERT E. LEE

Lincoln bot Robert E. Lee (1807–1870) vor dem Krieg das Oberkommando über die Unionsarmee an, was dieser jedoch ablehnte, als Virginia (sein Heimatstaat) aus der Union austrat. Stattdessen wurde er Oberbefehlshaber der Konföderiertenarmee, die schließlich am 9. April 1865 kapitulierte.

› 1863 hielt Abraham Lincoln (1809–1865) die berühmte Ansprache von Gettysburg. Im gleichen Jahr kündigte er die Abschaffung der Sklaverei in den gesamten USA an, die vom Kongress 1865 beschlossen wurde.

Die ersten Schlachten gewann der Süden, doch im Juli 1863 besiegten Unionstruppen eine Konföderiertenarmee bei Gettysburg in Pennsylvania. Eine weitere Unionsarmee eroberte Vicksburg in Mississippi. Im April 1865 kapitulierte der Südstaatengeneral Lee. Weite Teile des Südens waren verwüstet. Über 600 000 Soldaten waren umgekommen, mehr als die Hälfte durch Krankheiten. Fünf Tage nach der Kapitulation wurde Lincoln ermordet. Obwohl der Krieg vorbei und die Sklaven befreit waren, verbesserten sich ihre Lebensbedingungen kaum.

1862
Der Konföderiertengeneral Lee verhindert die Einnahme von Richmond, Virginia, durch die Unionsarmee und schlägt eine weitere Unionsarmee bei Fredericksburg, Virginia.

1863
Unterzeichnung der Emanzipationserklärung zur Sklavenbefreiung. Lee unterliegt bei Gettysburg, Pennsylvania.

1864
Grants Unionstruppen belagern Lees Armee bei Petersburg, Virginia. Unionsgeneral Sherman nimmt Atlanta und Savannah, Georgia, ein.

1865
Grants Truppen erobern Richmond, Virginia. Am 9. April ergibt sich Lee in Appomattox, Virginia, General Grant und beendet damit den Krieg. Am 15. April wird Abraham Lincoln in einem Theater von dem fanatischen Südstaatler John Wilkes Booth erschossen.

Die Einigung Italiens

ZU BEGINN des 19. Jahrhunderts war Italien unter Napoleons Herrschaft geeint. Nach Napoleons Niederlage 1815 wurden die italienischen Staaten wieder ihren früheren Herrschern übertragen. Unabhängig blieb nur Sardinien-Piemont.

VON DEN FREMDMÄCHTEN, die über Italiens Staaten herrschten, war Österreich am stärksten. Der Widerstand gegen die Fremdherrschaft wuchs in den 1820ern. Die Einigungsbewegung Risorgimento kämpfte für ein unabhängiges, geeintes Italien. In vielen Staaten brachen 1848 Revolutionen aus, die aber unterdrückt wurden. Sardinien-Piemont verbündete sich 1858 mit Frankreich und besiegte Österreich. 1860 kam es zu einer erfolgreichen Revolte unter der Führung von Giuseppe Garibaldi und seiner „Rothemden"-Armee. Garibaldi eroberte Sizilien und Neapel. Inzwischen hatten sich die nördlichen Staaten Sardinien-Piemont angeschlossen und Viktor Emanuel II. als ihren König anerkannt. Im November 1860 übergab ihm Garibaldi Neapel und Sizilien. 1861 wurde Italien zum Königreich erklärt.

Giuseppe Garibaldi (1807–1882), Anführer der „Rothemden", erklärt sich 1860 bereit, Viktor Emanuel das Königreich beider Sizilien zu übergeben.

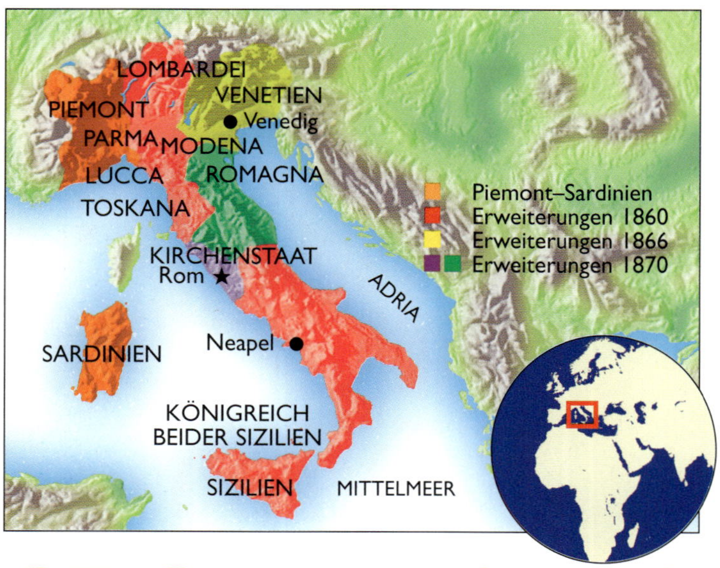

Es dauerte zehn Jahre, bis Italien als Nationalstaat geeint war. Als letzte Region wurde der Kirchenstaat rund um Rom angeschlossen. Rom wurde 1871 Landeshauptstadt.

1815	ab den 1820ern	1848	1849	1852	1860	1861	1866	1871
Italienische Staaten werden an frühere Herrscher zurückgegeben.	Risorgimento – Gründung von Geheimgesellschaften zum Kampf gegen die Fremdherrschaft.	Erfolglose Revolutionen in vielen Staaten.	Viktor Emanuel II. wird König von Sardinien-Piemont	Graf Camillo Cavour eint Norditalien.	Garibaldi und seine „Rothemden" erobern das Königreich beider Sizilien.	Viktor Emanuel II. wird König des geeinten Italien.	Venetien (mit Venedig) wird Teil von Italien.	Rom wird Teil von Italien.

Das Deutsche Kaiserreich

WIE Italien bestand auch Deutschland zu Beginn des 19. Jahrhunderts aus einer Vielzahl einzelner Staaten. Nach Napoleons Sturz 1815 schlossen sich 38 Staaten zum Deutschen Bund zusammen. Die mächtigsten von ihnen waren die Konkurrenten Österreich und Preußen.

Otto von Bismarck (1815–1898) führte Krieg gegen Österreich und Frankreich, um die deutschen Staaten zu einen und Preußen zur Führungsmacht eines geeinten Deutschlands zu machen.

ÖSTERREICH UND PREUSSEN konkurrierten von Anfang an um die Führung des Staatenbundes, und 1866 erklärte Preußen Österreich den Krieg. Nach Preußens Sieg in der Schlacht bei Königgrätz an der Elbe gründete der preußische Ministerpräsident Otto von Bismarck ohne Österreich einen eigenen Norddeutschen Bund unter preußischer Vorherrschaft.

Napoleon III. (1808–1873) ließ sich 1851 zum Kaiser von Frankreich ausrufen. Er baute Paris um und förderte die Industrie. Als sein Reich nach dem Deutsch-Französischen Krieg zusammenbrach, ging er ins Exil.

Frankreich fühlte sich durch Preußen bedroht und erklärte ihm 1870 den Krieg. Die Armee Napoleons III. erlitt jedoch in der Schlacht bei Sedan eine schwere Niederlage; Napoleon III. wurde gefangen genommen. Daraufhin erhob sich die Pariser Bevölkerung gegen ihn, und das Zweite Französische Kaiserreich wurde aufgelöst. Preußen belagerte nun Paris.

Durch den Friedensschluss zur Beendigung des Kriegs am 10. Mai 1871 erhielt Deutschland das Elsass und Lothringen von den Franzosen. Im gleichen Jahr wurde das Zweite Deutsche Kaiserreich gegründet – mit Wilhelm I., König von Preußen, als Kaiser und Otto von Bismarck als Reichskanzler.

Die Karte zeigt die Ausdehnung des Deutschen Bundes 1815. Er umfasste einen großen Teil des früheren Heiligen Römischen Reichs.

1815	1862	1864	1866	1870–1871	1871
38 deutsche Staaten bilden den Deutschen Bund.	Bismarck wird Ministerpräsident und Außenminister von Preußen. Er beabsichtigt, Preußen zum mächtigsten Staat des Deutschen Bundes zu machen.	Österreich und Preußen erklären Dänemark den Krieg und erobern Schleswig-Holstein.	Preußen besiegt Österreich im Deutschen Krieg. Österreich muss Venetien an Italien abtreten.	Preußen gewinnt den Deutsch-Französischen Krieg.	Gründung des Zweiten Deutschen Kaiserreichs unter Kaiser Wilhelm I., König von Preußen.

Die Aufteilung Afrikas

IM JAHR 1880 waren weniger als fünf Prozent des afrikanischen Kontinents unter europäischer Herrschaft. Die meisten europäischen Staaten begnügten sich bis dahin mit Handelskolonien an den Küsten. Nur die Briten und die Buren in Südafrika waren landeinwärts gezogen, um neues Siedlungsland zu finden. Doch innerhalb von 20 Jahren änderte sich die Lage völlig, und es kam zur kolonialen Aufteilung des ganzen Kontinents.

1914 hatten die Europäer den größten Teil Afrikas unter ihre Herrschaft gebracht. Nur zwei Länder blieben unabhängig: Äthiopien und Liberia.

SIEBEN EUROPÄISCHE MÄCHTE übernahmen die Herrschaft über ganz Afrika mit Ausnahme von Liberia und Äthiopien. Belgien, Großbritannien, Frankreich, Portugal und Spanien hatten schon vor 1884 begonnen, neue Kolonien in Afrika zu gründen oder bestehende zu vergrößern. Die neu geeinten Staaten Deutschland und Italien beanspruchten ebenfalls einen Anteil an

Die Zulu errangen 1879, zu Beginn des Zulukriegs, im südlichen Afrika bei Isandhlwana einen großen Sieg über die Briten, dennoch wurden sie im gleichen Jahr von den Briten besiegt.

1880 Der belgische König Leopold II. beansprucht den Kongo als sein persönliches Territorium.

1882 Die Briten besetzen Ägypten, um sich die Kontrolle über den Suezkanal zu sichern.

1884 Kongo-Konferenz in Berlin teilt Afrika unter sieben europäischen Staaten auf.

1889 Briten besiegen die Matabele und besetzen ihr Land, das sie Rhodesien nennen.

1890 Italiener besetzen Eritrea und versuchen vergeblich, Abessinien (heute Äthiopien) zu erobern.

1890 Das Deutsche Reich übernimmt die direkte Regierung von Deutsch- Ostafrika.

1893 Die Franzosen erobern Mali.

dem Kontinent. Um Konflikte zu vermeiden, trafen sich die europäischen Mächte zur so genannten Kongo-Konferenz und teilten Afrika ohne Rücksicht auf die afrikanischen Völker, ihre Kulturen oder Gebietsgrenzen unter sich auf. Jeder Widerstand der schwarzen Afrikaner und auch der weißen Buren in Südafrika wurde von hochgerüsteten europäischen Armeen unterdrückt. Tausende Afrikaner starben in den Kämpfen; unzählige weitere wurden durch Zerstörung ihrer traditionellen Lebensweise in Elend und Hunger gestürzt. Viele mussten als billige Arbeitskräfte in Bergwerken oder auf Plantagen arbeiten, die Baumwolle, Tee, Kaffee und Kakao für Europa anbauten. Die Europäer begannen, in geeigneten Gebieten Farmen anzulegen und Straßen und Eisenbahnen zu bauen.

In den besser verwalteten Kolonien wurden Schulen und Hospitäler für die Einheimischen eingerichtet, in anderen hingegen wurden die schwarzen Afrikaner kaum besser als Sklaven behandelt. Unter europäischer Herrschaft erlangten die Afrikaner Zugang zu neuen Ideen, hatten aber keinerlei Selbstbestimmungsrecht.

CECIL RHODES

Der Brite Cecil Rhodes (1853–1902) kam im Alter von 17 Jahren nach Natal im südlichen Afrika. 1881 wurde er Mitglied des Parlaments der Kapkolonie, 1890 ihr Premierminister. Rhodes trug viel dazu bei, das britische Herrschaftsgebiet zu vergrößern, verfehlte aber sein Ziel, Großbritannien ein afrikanisches Reich zu verschaffen, das vom Kap bis nach Ägypten reichen sollte.

In den 1830ern verließen viele Buren die Kapkolonie und zogen im „Großen Treck" nordwärts, um den Briten zu entkommen.

1894 Uganda wird britisches Protektorat.	**1895** Kenia kommt als Ostafrikanisches Protektorat unter britische Herrschaft.	**1899** Beginn des Burenkriegs zwischen Briten und Buren um die Herrschaft in Südafrika.	**1910** Gründung der Südafrikanischen Union.	**1911** Teilung der britischen Kolonie Rhodesien in Nordrhodesien (heute Sambia) und Südrhodesien (heute Simbabwe).	**1912** Teilung Marokkos in ein spanisches und ein französisches Protektorat.

Die moderne Welt

IN EIN NEUES JAHRTAUSEND 1900–2006

ZU BEGINN des 20. Jahrhunderts kontrollierten europäische Mächte wie Großbritannien, Frankreich und Deutschland weite Teile der Welt. China und Russland lagen in der Industrialisierung zurück. Japan war die neue Macht in Asien, während die USA sich zur führenden Industrienation entwickelten. Das 20. Jahrhundert war durch wechselnde Machtverhältnisse gekennzeichnet, jedoch insgesamt wesentlich von Reichtum und Kultur der Vereinigten Staaten geprägt.

DAS 20. JAHRHUNDERT kennzeichnet einen raschen Wandel in Gesellschaft, Wissenschaft, Technologie und Alltagsleben. Es war das Zeitalter von Luftfahrt, Fernsehen, Weltraumraketen, Computern und Gentechnologie. Die Weltbevölkerung wuchs auf über sechs Milliarden Menschen an. Viele lebten in Hunger und Armut, während man andernorts in früher nicht vorstellbarem Luxus lebte.

Überall forderten die Menschen gleiche Rechte ein. In vielen Ländern gab es Revolutionen. Nach der Revolution 1917 in Russland entstand die Hoffnung (und Befürchtung) auf den Kommunismus als neue Weltordnung. Die gesellschaftlichen Umwälzungen in Osteuropa der 1980er-

1914–1918 Der Erste Weltkrieg fordert etwa 10 Millionen Tote.

1917 Die Russische Revolution beginnt, als die Bolschewiki unter Lenins Führung an die Macht kommen. 1921 kontrollieren sie ganz Russland.

1929 Der Börsenkrach in New York führt zur Weltwirtschaftskrise.

1933 Die Nationalsozialisten ergreifen die Macht in Deutschland. Adolf Hitler wird Reichskanzler.

1936–1939 Spanischer Bürgerkrieg.

1939–1945 Zweiter Weltkrieg: 1941 Kriegseintritt der USA; 1945 Kapitulation Deutschlands und Japans.

1947 Pakistan und Indien werden von Großbritannien unabhängig.

1948 Gründung des Staates Israel; erster Arabisch-Israelischer Krieg.

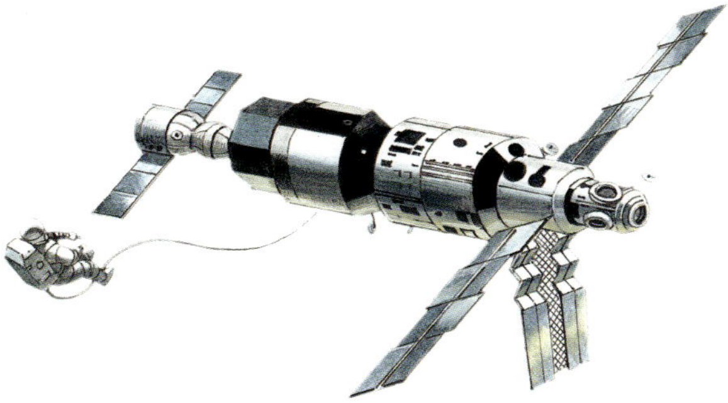

und 1990er-Jahre beendeten den ideologischen Wettlauf zwischen Kommunismus und Kapitalismus. Viele Kriege, darunter zwei Weltkriege (1914–1918 und 1939–1945), erschütterten das Jahrhundert. Der Erste Weltkrieg endete mit der Niederlage Deutschlands und seiner Verbündeten, doch der anschließende Frieden war brüchig und nur von kurzer Dauer. Der Zweite Weltkrieg war der verheerendste aller Zeiten.

Um 1950 forderte die Sowjetunion die USA als mächtigste Großmacht heraus, und es kam zum so genannten Kalten Krieg. Das durch den Krieg schwer zerstörte Europa formierte sich in der Europäischen Union neu. Das modernisierte Japan entwickelte sich zu einer bedeutenden Industrienation. Neue unabhängige Nationen, wie Indien und die jungen Staaten Afrikas, traten den Vereinten Nationen bei, und China begann mit einer Öffnung gegenüber dem Westen.

Neue Kommunikationsmöglichkeiten wie Internet, Satellitenfernsehen und Massentourismus ließen die Welt scheinbar schrumpfen. Konflikte in einem Land wirkten sich auch auf andere Länder aus. Globale Probleme wie die Vernichtung der Regenwälder oder zur Neige gehende Ölreserven konnten nicht auf nationaler Ebene gelöst werden. Der Terrorismus entwickelte sich zur internationalen Bedrohung. Bei dem Tempo, in dem sich die Welt heute wandelt, ist schwer vorherzusagen, wie sie am Ende des 21. Jahrhunderts aussehen wird.

1949
In China kommen die Kommunisten unter Mao Zedong an die Macht.

1960er-Jahre
Die meisten afrikanischen Staaten werden von ihren Kolonialmächten unabhängig.

1965–1975
Der Vietnam-Krieg.

1969
Der US-Astronaut Neil Armstrong betritt als erster Mensch den Mond.

1990
Wiedervereinigung Deutschlands.

1991
Zusammenbruch der Sowjetunion und Ende des Kalten Kriegs.

1994
Freie Wahlen in Südafrika.

2001
Terroristen stürzen sich mit Flugzeugen in das World Trade Center in New York City und das Pentagon in Washington, D. C. Unter US-Führung Einmarsch in Afghanistan und Sturz des Taliban-Regimes.

Der Erste Weltkrieg

DER ERSTE Weltkrieg begann 1914 zwischen rivalisierenden europäischen Nationen und weitete sich auf die Weltmeere, den Nahen Osten und Afrika aus. Insgesamt kostete er etwa 10 Millionen Menschen das Leben. Nach dem Weltkrieg entstanden vielerorts pazifistische Bewegungen. Den nächsten Krieg verhinderten sie jedoch nicht.

An der Westfront konzentrierten sich die Kämpfe vor allem auf Belgien und Nordfrankreich. Mulis und Pferde transportierten Nachschub und Waffen an die Front.

ZWISCHEN 1880 UND 1907 hatten die europäischen Mächte Allianzen gebildet und ihre Armeen und Flotten verstärkt. Die Alliierten (Russland, Frankreich, Großbritannien und Japan) standen den Mittelmächten (Deutschland, Österreich-Ungarn, das Osmanische Reich und Bulgarien) gegenüber. Später schloss sich Italien den Alliierten an.

In solchen Schützengräben warteten die Soldaten oft tagelang auf den Befehl zum Angriff. Die Gräben und Unterstände boten einen gewissen Schutz gegen feindliche Granaten, waren aber meist feucht, kalt und schlammig.

28. Juni 1914
Der serbische Nationalist Gavrilo Princip ermordet Erzherzog Franz Ferdinand in Sarajevo.

28. Juli–3. August 1914
Österreich erklärt Serbien den Krieg. Russland macht zur Verteidigung Serbiens mobil. Deutschland erklärt Russland, dann Frankreich den Krieg.

4. August 1914
Deutsche Soldaten marschieren durch Belgien nach Frankreich. Großbritannien erklärt Deutschland den Krieg: Der Erste Weltkrieg beginnt.

26. August 1914
Deutschland schlägt die russischen Streitkräfte in der Schlacht von Tannenberg.

September 1914
In der Marne-Schlacht stoppen die Alliierten den deutschen Vormarsch auf Paris.

November 1914
Die Deutschen werden im „Wettlauf zum Meer“ in Flandern vor Erreichen der Kanalküste gestoppt.

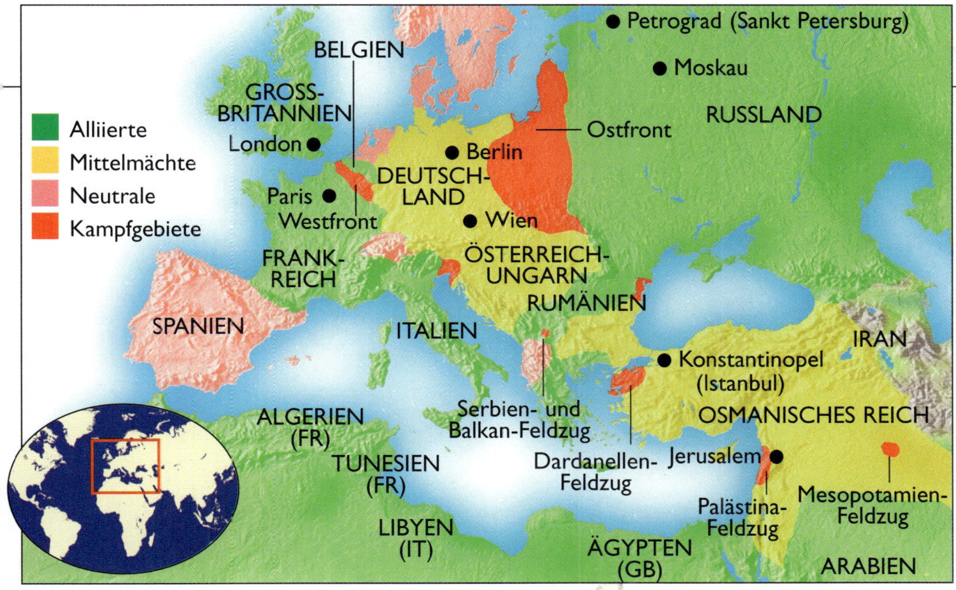

Der Krieg in Europa wurde an der Westfront, in Frankreich und Belgien, und an der Ostfront, von der Ostsee bis zum Schwarzen Meer, geführt. Auch im Nahen Osten, an der italienisch-österreichischen Grenze und in Afrika wurde gekämpft.

Kriegsauslöser war die Ermordung des österreichischen Erzherzogs Franz Ferdinand durch einen Serben im Juni 1914. Mehrere Länder machten mobil, und am 4. August marschierten deutsche Truppen in Belgien ein. Großbritannien, das seit 1830 mit Belgien verbündet war, wurde so in den Krieg hineingezogen.

Der Erste Weltkrieg wurde weitgehend an Land ausgefochten (außer der großen Seeschlacht im Skagerrak). Die Gegner standen einander über lange Zeit in einem erbitterten Stellungskrieg gegenüber. Beim Angriffssignal sprangen die Soldaten aus den Gräben und stürmten durch Niemandsland auf die feindlichen Linien zu. Im Geschosshagel aus Maschinengewehren und schwerer Artillerie starben sie zu tausenden. Allein in der Schlacht an der Somme 1916 fielen über eine Million Soldaten.

1917 nahm das stark geschwächte Russland Friedensverhandlungen mit Deutschland auf. Kurzfristig war Deutschland dadurch im Vorteil, doch die Ankunft von mehr als einer Million US-Soldaten 1917 stärkte die Alliierten entscheidend. Lebensmittelknappheit und Unruhen in Deutschland führten zur Abdankung von Kaiser Wilhelm II. Am 11. November 1918 unterzeichneten Deutschland und die Alliierten ein Waffenstillstandsabkommen, das den Krieg beendete.

KAMPFFLUGZEUGE

Im Ersten Weltkrieg (1914–1918) kamen erstmals verstärkt Flugzeuge zum Einsatz. Zunächst dienten sie zur Erkundung gegnerischer Stellungen, später auch zum Luftkampf und für Bombenangriffe aus der Luft.

April–Mai 1915 In der Schlacht bei Ypern setzt Deutschland erstmals Giftgas ein.

22. Mai 1915 Italien schließt sich den Alliierten an.

Februar 1916 Der Kampf um Verdun beginnt, er dauert fünf Monate.

1. Juli 1916 Die Schlacht an der Somme (Frankreich) endet im November.

6. April 1917 Die USA treten auf Seiten der Alliierten in den Krieg ein.

Juli 1917 Kampf um den Ort Passchendaele bei Ypern.

3. März 1918 Frieden von Brest-Litowsk zwischen Deutschland und Russland.

11. November 1918 Unterzeichnung des Waffenstillstandsabkommens: Ende des Ersten Weltkriegs.

Die Russische Revolution

IM 19. Jahrhundert scheiterten die Versuche, Russland zu modernisieren (Abschaffung der Leibeigenschaft, Industrialisierung). Die von Zar Alexander II. eingeleiteten Veränderungen machte sein Sohn Zar Alexander III. nach 1881 weitgehend rückgängig. In ihrer Verzweiflung wandten sich viele Russen der Revolutionsbewegung zu.

ZUM ERSTEN GROSSEN AUFSTAND kam es 1905, als Soldaten in Sankt Petersburg auf friedlich protestierende Arbeiter schossen. Die Rebellion wurde niedergeschlagen und ihre Anführer, unter ihnen Lenin, gingen ins Exil. Die dem Volk von Zar Nikolaus II. zugesagten Bürgerrechte wurden bald wieder zurückgenommen.

Zar Nikolaus II. mit seiner Frau Alexandra und ihren fünf Kindern. Nach der Revolution wurden sie alle inhaftiert und 1918 ermordet.

Mit dem Ausbruch des Ersten Weltkriegs verschlechterte sich die Lage für das russische Volk dramatisch. Die Wirtschaft war am Boden, Transport und Versorgung in den Städten zusammengebrochen. Es gab keinen Brennstoff, und die Menschen hungerten. Im März 1917 brachen erneut Unruhen aus. Diesmal schlossen sich die Soldaten den Aufständischen an. Nikolaus II. dankte ab.

Eine provisorische Regierung unter Alexander Kerenski wurde eingesetzt, doch die Unruhen hielten an. Die von Lenin geführten Bolschewiki planten die Machtübernahme. Anfang November (nach dem damals geltenden Kalender Oktober; daher spricht man von der „Oktoberrevolution") stürmten sie das Winterpalais und entmachteten die provisorische Regierung. Die Bolschewiki

Unter der Führung der Bolschewiki stürmten bewaffnete Arbeiter 1917 das Winterpalais in Sankt Petersburg: Die Revolution begann. Kriegsmüde, meuternde Soldaten schlossen sich den Revolutionären an.

Leo Trotzki (1879–1940), Revolutionsführer der Bolschewiki, war nach Lenin der zweitmächtigste Mann Russlands. Nach der Machtübernahme durch Stalin (1924) wurde er ins Exil verbannt und später ermordet.

LENIN

Wladimir Iljitsch Uljanow (1870–1924) nahm den Namen Lenin an. Er führte seit 1898 die Bolschewiki, musste aber mehrmals ins Exil gehen (u. a. von 1905 bis 1917). Nach der erfolgreichen Revolution wurde er Russlands Staatsoberhaupt.

Viele Russen sahen im Einfluss Rasputins (um 1869–1916) den Grund dafür, dass Zar Nikolaus II. die Nöte des Volkes ignorierte. Der Wandermönch Rasputin behauptete, er könne den kranken Zarensohn heilen.

machten Moskau zur Hauptstadt und schlossen einen Friedensvertrag mit Deutschland. Sie enteigneten die Großgrundbesitzer und verteilten das Land an die Bauern. Die Fabriken wurden nun von Arbeitern geleitet, die Banken vom Staat. 1918 kam es zum Bürgerkrieg zwischen der bolschewistischen Roten Armee und den antikommunistischen „weißen" Truppen, den 1921 die Bolschewiki gewannen. 1922 wurde die Union der Sozialistischen Sowjetrepubliken (UdSSR) gegründet. Nach Lenins Tod kam 1924 Stalin an die Macht. Unter seiner diktatorischen Herrschaft wurden Millionen Menschen umgebracht und in Arbeitslagern interniert, wo viele starben.

1887
Lenin wird Marxist.

1894
Nikolaus II. wird Zar.

1905
Blutsonntag: Soldaten schießen vor dem Winterpalais in Sankt Petersburg auf eine friedliche Menschenmenge. Lenin geht ins Exil.

1917
Nikolaus II. muss abdanken, eine provisorische Regierung wird gebildet; Lenin kehrt zurück. Die Revolutionäre stürmen das Winterpalais und stürzen die Regierung.

1918
Russland zieht sich aus dem Ersten Weltkrieg zurück. Die Zarenfamilie wird ermordet. Der Bürgerkrieg zwischen der Roten Armee (Bolschewiki) und den antibolschewistischen „Weißen" dauert bis 1920.

1922
Das Russische Reich wird in Union der Sozialistischen Sowjetrepubliken (UdSSR) umbenannt.

Die Weltwirtschaftskrise

DER ERSTE Weltkrieg hatte die Wirtschaft vieler europäischer Länder ruiniert. Das besiegte Deutschland musste Reparationsleistungen an Großbritannien und Frankreich zahlen, und die deutsche Währung wurde wertlos. Um 1929 schien das gesamte Gefüge der Weltwirtschaft auseinander zu brechen. Millionen Menschen verloren Geld, Arbeit und Zuhause.

1935 marschierten 200 Männer vom nordenglischen Jarrow nach London, um auf die Arbeitslosigkeit in ihren Heimatorten aufmerksam zu machen.

US-BANKEN hatten anderen Nationen Geld für den Krieg geliehen, und viele Amerikaner investierten ihre Ersparnisse in Wertpapiere. Die große Nachfrage ließ die Aktienkurse der Unternehmen weit über ihren realen Wert steigen. Im August 1929 begannen die Kurse zu fallen, die Anleger gerieten in Panik, verkauften und beschleunigten so den Kursverfall. Als die New Yorker Börse zusammenbrach, machten Banken und Unternehmen Bankrott, viele Menschen verloren ihre Ersparnisse und noch mehr ihre Arbeit.

Eine schwere Dürre im Mittleren Westen der USA verschlimmerte die Situation. Viele Familien verließen ihre Farmen und zogen westwärts nach Kalifornien.

In vielen Städten wurden Suppenküchen eingerichtet, die kostenlos Essen an die Hungernden ausgaben. Nach Schätzungen brachte sich ein Viertel der US-Bevölkerung mit Betteln, Almosen und der knappen Sozialhilfe durch.

1929
Im Oktober kommt es nach Panikverkäufen zu einem Zusammenbruch der Aktienkurse an der New Yorker Börse.

1932
Auf dem Höhepunkt der Großen Depression gibt es in den USA zwölf Millionen Arbeitslose. Franklin D. Roosevelt wird zum Präsidenten gewählt.

Von der Krise in den USA wurde die ganze Welt erschüttert, als die US-Banken ihre verliehenen Gelder aus dem Ausland zurückforderten. Großbritannien und Deutschland traf es besonders hart, die Arbeitslosigkeit stieg hier rasant an.

REFORMPROGRAMM DER USA

Zu Präsident Roosevelts Politik des New Deal (1933) gehörte ein Programm zur Schaffung von Arbeitsplätzen. Man gab jungen Leuten Arbeit in den Staatsforsten und errichtete am River Tennessee eine Reihe von Staudämmen zur Stromerzeugung und Bewässerung. Neue Sozial- und Arbeitsgesetze verbesserten die Arbeitsbedingungen.

Arbeitslose standen an Ausgabestellen für Essen und Kleidung Schlange. Durch Importzölle auf ausländische Waren sollte die heimische Industrie geschützt werden. 1932, auf dem Höhepunkt der Krise, war der Weltexport an Rohstoffen um 70 Prozent zurückgegangen. Auch die ärmeren Länder wurden damit ruiniert, denn sie lebten in erster Linie vom Nahrungsmittel- und Rohstoff-Export.

Die New Yorker Börse an der Wall Street im Oktober 1929. Als die Kurse fielen, eilten viele Anleger zur Börse und mussten feststellen, dass sie ihr gesamtes Geldvermögen verloren hatten.

Die Weltwirtschaftskrise brachte Not und Elend für Millionen. Die Grafik zeigt den Anstieg der Arbeitslosigkeit 1932 in den USA. Wirtschaftliche Erholung setzte nur langsam ein.

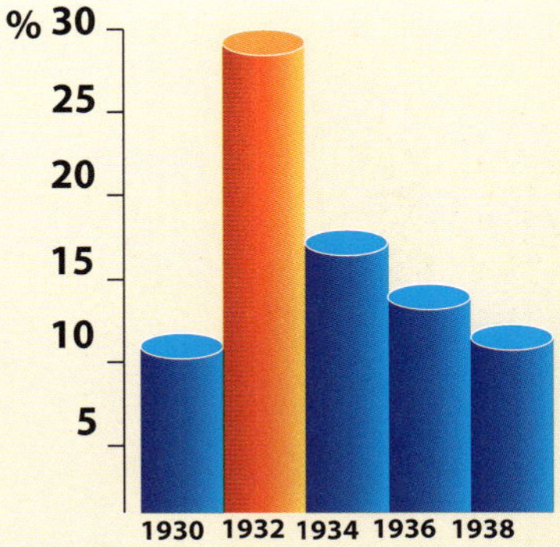

1933
Roosevelt will mit seiner Politik des New Deal neue Arbeitsplätze schaffen. In Deutschland gibt es sechs Millionen Arbeitslose.

1935
In Großbritannien marschieren 200 Männer von Jarrow nach London, um mit einer Petition auf die Arbeitslosigkeit aufmerksam zu machen.

1936
Die nationalsozialistische Regierung begegnet der hohen Arbeitslosigkeit in Deutschland mit öffentlichen Baumaßnahmen und massiver Aufrüstung.

1939
In den USA liegt die Arbeitslosigkeit noch immer bei rund 15 Prozent.

1941
Nach dem Kriegseintritt herrscht auch in den USA wieder Vollbeschäftigung.

Der Zweite Weltkrieg

MIT DEM Überfall deutscher Truppen auf Polen am 1. September 1939 begann der Zweite Weltkrieg. Als Adolf Hitler sich weigerte, die Soldaten zurückzuziehen, erklärten Großbritannien und Frankreich den Krieg gegen Deutschland. In diesem Krieg kämpften die Achsenmächte (Deutschland, Italien und Japan) gegen die Alliierten (Großbritannien, Frankreich, Sowjetunion und die USA).

AM 17. SEPTEMBER drangen sowjetische Truppen von Osten her in Polen ein. Bis zum Jahresende 1939 hatten die Sowjets auch Estland, Lettland, Litauen und Finnland besetzt. Im Frühjahr 1940 marschierten die Deutschen in Dänemark, Norwegen, Belgien, den Niederlanden und Frankreich ein. Im so genannten Blitzkrieg überwältigten sie durch Einsatz großer Panzer- und Bomberverbände rasch die gegnerische Verteidigung. Die nachrückende Infanterie sicherte die Gebiete. Im Juni 1940 war so ein Großteil Europas an Deutschland gefallen. Im August und September griff Hitlers Luftwaffe Südostengland und London bei Tage an. Trotz zahlenmäßiger Unterlegenheit konnte die Royal Air Force die Deutschen abwehren und eine Invasion verhindern. Dennoch wurden viele britische Städte bei den Überraschungsangriffen der deutschen Luftwaffe bombardiert.

Winston Churchill (1874–1965) war von 1940 bis 1945 britischer Premierminister. Churchills Geste wurde zum Symbol des Durchhaltewillens seiner Nation.

Die Luftschlacht um England tobte von August bis Oktober 1940 über Südengland. Die britische *Royal Air Force* (rechts) bekämpfte die deutschen Flugzeuge (links).

1939 Deutschland annektiert die Tschechoslowakei, Italien besetzt Albanien. Italien und Deutschland bilden eine Allianz (Stahlpakt).

23. August 1939 Deutschland und die UdSSR unterzeichnen einen Nichtangriffspakt.

25. August 1939 Großbritannien, Frankreich und Polen schließen einen Beistandsvertrag.

1. September 1939 Deutscher Angriff auf Polen.

3. September 1939 Großbritannien und Frankreich erklären Deutschland den Krieg.

17. September 1939 Einmarsch der Sowjetarmee in Polen.

17. Dezember 1939 Seekrieg in Südamerika. Deutschland verliert sein Schlachtschiff Graf Spree am Rio de la Plata.

Ende 1941 kontrollierte Deutschland große Teile Europas und Nordafrikas, sowie Teile Russlands. In Europa waren nur noch die neutralen Staaten und Großbritannien frei.

Im September 1940 marschierten italienische Truppen in Ägypten ein, wo die Briten einen Teil ihrer Verbände zur Verteidigung des Suezkanals stationiert hatten. Im Februar 1941 waren die Italiener geschlagen, doch deutsche Truppen drängten die Briten an die ägyptische Grenze zurück.

Durch die Erfolge ermutigt, griff Hitler im Juni 1941 mit Unterstützung finnischer, ungarischer und rumänischer Verbände seinen ehemaligen Verbündeten, die Sowjetunion, an. Die Situation der Alliierten wendete sich Ende 1941 zum Besseren, als die USA nach dem japanischen Überfall auf die amerikanische Flotte in Pearl Harbor (Hawaii) in den Krieg eintraten.

Viele Kinder wurden aus den Kriegsgebieten evakuiert und zu Familien auf dem Land gebracht, um sie vor Bombenangriffen zu schützen.

März 1940 Die UdSSR besetzen Finnland.

April–Mai 1940 Deutschland besetzt Norwegen, Dänemark, Belgien und die Niederlande.

Juni 1940 Deutschland besetzt Frankreich. Evakuierung der alliierten Streitkräfte aus Dünkirchen.

August–Oktober 1940 Luftschlacht um England.

November 1940 Italien versucht, Griechenland zu besetzen. Ungarn, Rumänien und die Slowakei schließen sich den Achsenmächten an.

Die Welt im Krieg

DER JAPANISCHE Angriff auf den US-Flottenstützpunkt in Pearl Harbor zog den Kriegseintritt der USA nach sich. Bisher hatten die Amerikaner die Briten im Kampf gegen Deutschland unterstützt, waren vor einer direkten Beteiligung in diesem Krieg aber zurückgeschreckt.

Der britische General Bernard Montgomery (1887–1976) führte die Alliierten zum Sieg über deutsche und italienische Truppen in Nordafrika.

MILLIONEN US-SOLDATEN waren nun auf dem Weg nach Europa und in den Pazifik, amerikanische Luft- und Seestreitkräfte wurden gegen Deutschland und Japan mobil gemacht. Per Schiff transportierte man Geschütze, Panzer und Flugzeuge nach Großbritannien. Es gab Engpässe beim Nachschub, weil deutsche U-Boote die Versorgungsschiffe angriffen. Die Alliierten begannen, deutsche Städte zu bombardieren: Britische Bomber griffen in der Nacht, amerikanische am Tag an. Zu Wasser und aus der Luft jagte man die feindlichen U-Boote.

Im August 1942 hatten die US-Streitkräfte im Pazifik die Japaner in den Schlachten im Korallenmeer, bei Midway und Guadalcanal besiegt und ihren Vormarsch gestoppt. Von Flugzeugträgern aus griffen die USA die japanische Flotte an und nutzten eroberte Inseln als Ausgangsbasis für Luftbombardements auf Japan.

Der US-Flottenstützpunkt in Pearl Harbor wurde am 7. Dezember 1941 ohne Vorwarnung von der japanischen Luftwaffe angegriffen. Vier Schlachtschiffe wurden zerstört, viele beschädigt und 3300 Menschen getötet. Daraufhin traten die USA auf Seiten der Alliierten in den Krieg ein.

Februar 1941 Die Alliierten nehmen in Nordafrika 113 000 italienische Soldaten gefangen.

April 1941 Jugoslawien und Griechenland fallen an Deutschland.

22. Juni 1941 Beginn des deutschen Angriffs auf die Sowjetunion.

7. Dezember 1941 Japanischer Angriff auf Pearl Harbor. Die USA erklären Japan den Krieg. Kriegserklärung Deutschlands und Italiens an die USA.

Dezember 1941 Japan besetzt Malaya und Hongkong.

Februar bis Mai 1942 Singapur, Holländisch-Indien, die Philippinen und Birma fallen an Japan.

August 1942 Der Sieg der Amerikaner in Guadalcanal stoppt die japanische Expansion. Die Belagerung Stalingrads beginnt.

Deutsche und finnische Truppen belagerten die russische Stadt Leningrad (heute Sankt Petersburg) von 1941 bis 1944. Etwa eine Million Menschen starben an Kälte, Hunger, Seuchen und Verletzungen.

In Afrika gewannen die Briten und ihre Commonwealth-Verbündeten Ende 1942 die Entscheidungsschlacht von El Alamein; anschließend nahmen sie mit aus Algerien und Marokko kommenden Alliiertenverbänden den Feind in die Zange. Im Mai 1943 waren die Kämpfe in Nordafrika entschieden, und die Alliierten begannen mit Planungen für die Invasion in Italien und Frankreich.

In Russland kam die deutsche Armee im November 1941 bis auf Sichtweite an Moskau heran, wurde aber zurückgedrängt. In Stalingrad (heute Wolgograd) erlitten die Deutschen eine schwere Niederlage und zogen sich vor der westwärts vorrückenden Roten Armee zurück. Die so genannte zweite Front im Westen wurde am 6. Juni 1944 mit der Landung der alliierten Invasionstruppen in der Normandie (Frankreich) eröffnet.

Nach Bombenangriffen löschten Rettungskräfte Brände und bargen Überlebende. Deutsche Flugzeuge bombardierten England, später zerstörten alliierte Bomber Wohn- und Industriegebiete in Deutschland und Japan. Der alliierte Luftangriff auf Dresden im Februar 1945 forderte etwa 40 000 Opfer.

Oktober 1942
In Nordafrika besiegen die Alliierten die Achsenmächte in der Schlacht von El Alamein (Ägypten).

Februar 1943
Die Schlacht um Stalingrad endet mit der Niederlage der Deutschen.

Mai 1943
Die Streitkräfte der Achsenmächte in Nordafrika ergeben sich.

Juli 1943
Invasion der Alliierten in Sizilien. Mussolinis Regierung wird gestürzt, Italien erklärt Deutschland den Krieg.

Holocaust und Atombomben

AM 8. Mai 1945 war der Krieg in Europa beendet, im August endete er auch im Pazifik. Bei der Befreiung der besetzten Länder entdeckten die Alliierten das erschreckende Ausmaß des Holocaust, der planmäßigen Vernichtung der europäischen Juden.

Die japanischen Städte Nagasaki (links) und Hiroshima wurden durch Atombomben zerstört. Viele Menschen starben noch an dem Spätfolgen der Verstrahlung.

DIE INVASION DER ALLIIERTEN begann am 6. Juni 1944 in der Normandie. Bis zum 2. Juli hatten sie eine Million Soldaten in Frankreich stationiert. Im März 1945 überschritten alliierte Truppen den Rhein. Die Sowjets rückten unterdessen nach Berlin vor. Zwei Tage, bevor die sowjetischen Truppen Berlin eroberten, beging Hitler Selbstmord. Am 8. Mai kapitulierte Deutschland.

Die Amerikaner planten für Ende 1945 eine Invasion in Japan. Am 6. August 1945 wurde eine Atombombe auf die japanische Stadt Hiroshima abgeworfen, drei Tage später eine zweite auf Nagasaki; weit über 100 000 Menschen starben. Am 14. August kapitulierte Japan; damit war der Zweite Weltkrieg beendet.

US-Bomber vom Typ B-17 griffen Ziele in Europa und Asien an.

Churchill (links), Roosevelt und Stalin, die alliierten Staatschefs, planten in Jalta die Neuordnung für Deutschland und die Niederschlagung Japans.

Der fast sechs Jahre dauernde Krieg hatte 17 Millionen Menschenleben gefordert und gewaltige Zerstörungen angerichtet. Die Alliierten waren schockiert über die schlechte Behandlung ihrer gefangenen Soldaten

Januar 1942
Auf der Wannseekonferenz beschließen NS-Funktionäre Maßnahmen zur Vernichtung europäischer Juden („Endlösung").

Juni 1944
Mit der Landung der Alliierten in der Normandie (Frankreich) beginnt die Befreiung Europas.

20. Juli 1944
Ein Attentat deutscher Widerstandskämpfer auf Hitler misslingt.

Dezember 1944
Deutschland startet in den Ardennen die letzte Offensive.

Februar 1945
Bei der Konferenz von Jalta einigen sich die Alliierten, Deutschland nach dem Krieg in vier Zonen aufzuteilen.

März 1945
US-Streitkräfte erobern die Insel Iwojima im Pazifik.

30. April 1945
Adolf Hitler begeht Selbstmord.

Alliierte Soldaten befreiten die kranken und ausgemergelten Überlebenden des Holocaust aus den Konzentrations- und Vernichtungslagern wie Auschwitz, Bergen-Belsen und Buchenwald.

durch die Japaner. In Deutschland sahen sie die Zeugnisse des Holocaust: Konzentrationslager, in denen die Nationalsozialisten viele Millionen Menschen, davon etwa sechs Millionen Juden, systematisch ermordet hatten – durch Zwangsarbeit, Hunger, Folter und in Gaskammern.

NÜRNBERGER PROZESSE

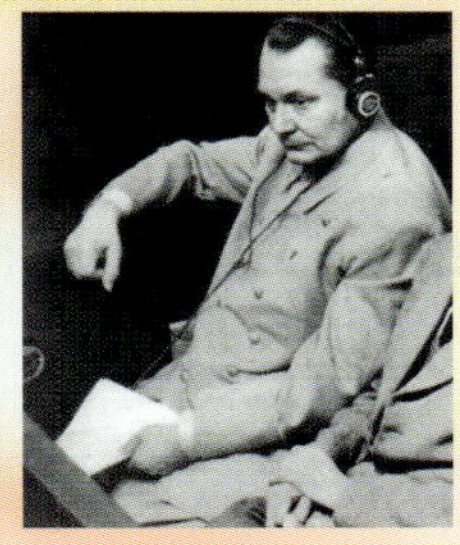

Nach dem Zweiten Weltkrieg richteten die Alliierten in Nürnberg ein internationales Militärtribunal zur Ahndung nationalsozialistischer Straftaten ein. Der ranghöchste, lebende NS-Funktionär Hermann Göring (oben) beging Selbstmord, bevor das Urteil vollstreckt werden konnte. Auch KZ-Kommandanten wurden später verurteilt.

Nach dem Krieg beherrschte die Sowjetunion fast ganz Osteuropa. Deutschland wurde geteilt. Die Kriegsverbrecher wurden wegen Verbrechen gegen die Menschlichkeit angeklagt. Zur künftigen Sicherung des Weltfriedens und Förderung friedlicher Beziehungen zwischen den Staaten wurde die Organisation der Vereinten Nationen (UN) geschaffen.

Die Invasion der Alliierten in der Normandie begann am 6. Juni 1944 (D-Day). Etwa 156 000 Soldaten wurden im größten, je von See geführten Angriff an Land gesetzt.

8. Mai 1945	Juni 1945	14. August 1945	Oktober 1945
Deutschland kapituliert.	US-Streitkräfte erobern die bei Japan gelegene Insel Okinawa.	Nach dem Abwurf zweier Atombomben auf Hiroshima und Nagasaki kapituliert Japan.	Gründung der Vereinten Nationen (UN).

Israel und Palästina

DIE URSPRÜNGLICHE Heimat der Juden war das Gebiet um Jerusalem. Von dort wurden sie jedoch vertrieben, und zu Beginn des 20. Jahrhunderts lebten die meisten Juden in der Diaspora (Europa, USA, Russland, Osmanisches Reich). Palästina gehörte jahrhundertelang zum Osmanischen Reich. Der Rückkehrwunsch der Juden führte zum Konflikt mit den inzwischen dort lebenden Menschen.

David Ben Gurion (1886–1973) stammte aus Polen und wanderte 1906 nach Palästina aus. Der Gründervater Israels war der erste Premierminister des Landes.

T. E. Lawrence (1888–1935), bekannt als Lawrence von Arabien, war britischer Agent im Ersten Weltkrieg und organisierte den Aufstand der Araber gegen das Osmanische Reich. Nach dem Krieg hofften viele Araber auf eine neue arabische Nation (einschließlich Palästina).

DIE MEISTEN PALÄSTINENSER waren Araber. In den 1880er-Jahren begannen Juden, so genannte Zionisten, sich in Palästina anzusiedeln. 1917 erklärte Großbritannien seine Unterstützung für ein jüdisches Heimatland in Palästina. Nach der Niederlage im Ersten Weltkrieg zerfiel das Osmanische Reich. Der neu geschaffene Völkerbund stattete Großbritannien mit einem Mandat zur vorübergehenden Verwaltung Palästinas aus.

Immer mehr Juden siedelten sich in Palästina an, vor allem, als in den 1930er-Jahren die Verfolgung der europäischen Juden einsetzte. Um der Ermordung zu entkommen, flohen tausende Juden aus Deutschland. Einige emigrierten in andere europäische Länder oder die USA, andere

1840	1882	1917	1920	1922	1933	1936–1939	1939
Palästina wird nach kurzer ägyptischer Herrschaft wieder Teil des Osmanischen Reichs.	In Palästina entstehen erste zionistische Siedlungen.	Die Balfour-Deklaration unterstützt die Schaffung einer jüdischen „nationalen Heimstatt“.	Der Vertrag von Sèvres löst das Osmanische Reich auf.	Großbritannien erhält vom Völkerbund das Mandat für Palästina.	Beginn der Judenverfolgung in Deutschland.	Arabischer Palästina-Aufstand nach wachsenden Konflikten zwischen Juden und Arabern.	Großbritannien stimmt einer Begrenzung der jüdischen Zuwandererzahl nach Palästina zu.

zogen nach Palästina. Der wachsende Immigrantenstrom führte zu Kämpfen zwischen Juden und Arabern; die Briten begrenzten daher die Einwandererzahl.

Nach dem Zweiten Weltkrieg wollten noch mehr Juden nach Palästina übersiedeln. Großbritannien brachte das Problem vor die UN, und 1947 sollte Palästina in einen jüdischen und einen arabischen Staat geteilt werden. Das Juden, Muslimen und Christen gleichermaßen heilige Jerusalem sollte einen internationalen Status erhalten. Die Juden stimmten zu, die Araber nicht. Großbritannien gab am 14. Mai 1948 sein Mandat zurück, am selben Tag proklamierte David Ben Gurion die Gründung des Staates Israel. Die Arabische Liga (Syrien, Libanon, Irak, Iran, Jordanien und Ägypten) erklärte Israel den Krieg. Israel gelang daraufhin ein schneller Sieg mit einem Zugewinn an Land.

Seit 1948 befanden sich die israelischen Streitkräfte in ständiger Bereitschaft. Israel musste mit Angriffen seiner Nachbarn rechnen, die den neuen Staat nicht anerkannten, und mit dem Zorn der Palästinenser, deren Gebietsansprüche Israel verweigerte.

Die Klagemauer in Jerusalem ist den Juden eine heilige Gebetsstätte. Nach 1948 lag sie im von Jordanien kontrollierten Teil der Stadt. Israel eroberte ihn 1967 und machte ganz Jerusalem zu seiner Hauptstadt. Eine für alle befriedigende Lösung in Jerusalem wurde seither nicht gefunden.

Golda Meir (1898–1978) regierte Israel von 1969 bis 1974 als Premierministerin. Sie stammte aus Russland, wuchs in den USA auf und kam 1921 nach Palästina.

1947
Die Vereinten Nationen beschließen die Teilung Palästinas.

14. Mai 1948
Gründung des Staates Israel und Kriegserklärung der Arabischen Liga.

1949
Ein von der UN ausgehandelter Waffenstillstand belässt Israel das ihm 1947 zugestandene Territorium.

Der Kalte Krieg

AUS DEM Zweiten Weltkrieg gingen die USA und die Sowjetunion als Großmächte hervor. Die ehemaligen Alliierten standen sich bald als Feinde im so genannten Kalten Krieg gegenüber.

Die Karikatur zeigt den Sowjetführer Nikita Chruschtschow (links) und US-Präsident John F. Kennedy auf Atomraketen sitzend beim Kräftemessen. Erst als die sowjetischen Schiffe mit den Raketen (oben) vor Kuba umdrehten, war der Konflikt der Großmächte 1962 entschärft.

NACHDEM die Sowjetunion in den von der Roten Armee befreiten Ländern kommunistische Regierungen eingesetzt hatte, unterstützten die USA mit dem Marshall-Plan die vom Krieg wirtschaftlich ruinierten europäischen Länder, um die Ausbreitung des Kommunismus nach Westen zu stoppen. Die Grenze zwischen kommunistisch und demokratisch regierten Ländern nannte man den Eisernen Vorhang.

Die Berliner Mauer wurde 1961 mitten durch die Stadt gebaut. Sie trennte den Ost- vom Westteil, um die Menschen an der Flucht aus der DDR zu hindern.

Die Alliierten hatten Deutschland aufgeteilt. Die USA, Großbritannien und Frankreich kontrollierten den Westen, die Sowjetunion den Osten. Das in der Sowjetzone gelegene Berlin wurde ebenfalls in vier Sektoren geteilt. 1948 blockierten die Sowjets die Transportwege nach West-Berlin, das daraufhin von den Alliierten über eine Luftbrücke versorgt wurde. Die Gründung der beiden deutschen Staaten 1949 besiegelte die Teilung.

1947	1948	1949	1950–1953	1953	1955	1956
Der von den USA geschaffene Marshall-Plan gewährt westeuropäischen Ländern Finanzhilfen.	West-Berlin wird fast ein Jahr von den Sowjets blockiert.	Gründung der *North Atlantic Treaty Organization* (NATO). Auf dem chinesischen Festland übernehmen die Kommunisten die Macht.	Koreakrieg: Das von China unterstützte Nord-Korea marschiert in Süd-Korea ein, dem die UN und die USA beistehen.	Joseph Stalin stirbt.	Gründung des Warschauer Pakts durch osteuropäische Staaten.	Einmarsch der Sowjetunion in Ungarn und Niederschlagung des Volksaufstands.

Die Karte zeigt die Teilung Europas nach dem Zweiten Weltkrieg. Winston Churchill bezeichnete als Erster die Trennungslinie zwischen dem demokratischen (pink) und dem kommunistischen (rot) Europa als „Eisernen Vorhang".

Die Großmächte rüsteten ihr Waffenarsenal mit Atomwaffen auf. Als der kubanische Diktator Fidel Castro der UdSSR 1962 den Bau von Raketenbasen auf seiner, den USA benachbarten Insel erlaubte, ordnete US-Präsident John F. Kennedy eine Blockade Kubas durch Seestreitkräfte an. Der drohende Atomkrieg wurde schließlich verhindert, als die Sowjets nachgaben und die Raketen zurücktransportierten.

1968 besetzten sowjetische Panzer im so genannten Prager Frühling die Hauptstadt der CSSR und schlugen die Reformpolitik der Regierung Alexander Dubčeks gewaltsam nieder.

Beide Seiten erhöhten im Kalten Krieg ihre Rüstungsausgaben. Sie kämpften nie direkt gegeneinander, waren aber an Kriegen wie in Korea (1950er-Jahre) und Vietnam (1960er- und 70er-Jahre) beteiligt. Jahrelang betrieben beide Seiten eine intensive Spionage- und Propaganda-Kampagne. Die Sowjetunion unterdrückte mit Gewalt alle Ansätze von Liberalisierung in ihrem europäischen Einflussbereich.

NATO

Die *North Atlantic Treaty Organization* (nebenstehend ihr Emblem) wurde am 4. April 1949 gegründet; das Hauptquartier des Nordatlantikpakts liegt in Brüssel (Belgien). Das Militärbündnis mehrerer westeuropäischer Staaten, Kanadas und der USA wurde zur gemeinsamen Verteidigung bei Angriffen geschlossen. 1955 gründete eine Allianz kommunistischer Staaten den Warschauer Pakt.

1959
In Kuba wird Fidel Castro Ministerpräsident und verbündet sich mit der Sowjetunion.

1960
Ideologischer Bruch zwischen der UdSSR und China.

13. August 1961
Bau der Berliner Mauer.

1962
Kubakrise.

1963
Die USA und die Sowjetunion unterzeichnen den Atom-Teststopp-Vertrag.

1964
Die USA werden direkte Kriegspartei im Vietnamkrieg.

1968
Der Einmarsch von Truppen des Warschauer Pakts beendet den Prager Frühling in der Tschechoslowakei.

Der Kampf um Bürgerrechte

IN DER zweiten Hälfte des 20. Jahrhunderts kämpften Menschen überall auf der Welt für ihre Bürgerrechte. Viele wurden wegen ihrer Rasse, Hautfarbe, Religion oder ihres Geschlechts diskriminiert. Anderen verwehrte man das Wahlrecht oder die Möglichkeit, sich gewerkschaftlich zu organisieren.

Polnischer Arbeiterprotest. Die Gewerkschaft *Solidarność* formierte sich 1980 in den Danziger Werften. Sie kämpfte für die Rechte der Arbeiter und wurde zu einer antikommunistischen Bewegung.

Dr. Martin Luther King (1929–1968) erhielt 1964 den Friedensnobelpreis für seinen gewaltfreien Widerstand gegen Diskriminierung und Rassenhetze. In seiner berühmten Rede „Ich habe einen Traum" forderte er die Gleichheit für die Schwarzen Amerikas. 1968 wurde er in Memphis, Tennessee, ermordet.

DIE BÜRGERRECHTSBEWEGUNG entstand in den 1960er-Jahren in den USA. In den Südstaaten wurden Schwarze in Schulen, öffentlichen Verkehrsmitteln, am Arbeitsplatz und im Gesundheitssystem diskriminiert. Die Proteste begannen 1955, als eine schwarze Amerikanerin inhaftiert wurde, weil sie in Alabama in einem Bus ihren Sitzplatz nicht einem weißen Mann überließ. Der Anführer der Bürgerrechtsbewegung Dr. Martin Luther King rief zum gewaltfreien Protest auf. Er führte 1963 einen Marsch von über 250 000 Demonstranten nach Washington, D. C. 1964 verabschiedete die US-Regierung ein Gesetz (*Civil Rights Act*), das die Rassendiskriminierung verbot.

1955	1957	1960	1962	1963	1964	1966
Rosa Parks kommt in Alabama (USA) in Haft, weil sie ihren Sitzplatz im Bus nicht für Weiße räumt.	In den USA bringt Martin Luther King mehrere Bürgerrechtsgruppen zusammen.	Die südafrikanische Polizei schießt auf Anti-Apartheid-Demonstranten und tötet 69 von ihnen.	Nelson Mandela kommt wegen seiner politischen Aktivitäten ins Gefängnis.	Martin Luther King fordert mit einem Demonstrationszug nach Washington gleiche Rechte für alle.	Verabschiedung des Bürgerrechtsgesetzes in den USA zur Beendigung jeglicher Diskriminierung wegen Rasse, Hautfarbe, Religion oder nationaler Abstammung.	Amerikanische Feministinnen gründen die *National Organization for Women*.

Ein ähnlicher Kampf wurde in Südafrika ausgetragen, wo die regierende weiße Minderheit eine grausame Politik der Rassentrennung (Apartheid) betrieb. Nachdem 1969 in Sharpeville 69 afrikanische Demonstranten erschossen wurden, verschärften sich die Proteste. Der schwarze Bürgerrechtler Nelson Mandela wurde von 1962 bis 1990 inhaftiert. Nach einer langen internationalen Kampagne mit Demonstrationen und Sanktionen gegen Südafrika kam Mandela frei, und die Apartheid wurde 1990 abgeschafft.

APARTHEID

Apartheid bedeutet „Trennung". Die von 1948 bis 1990 in Südafrika betriebene Apartheidpolitik teilte das Land in separate Bereiche für Schwarze und für Weiße. Es gab getrennte Schulen, Arbeitsplätze, Wohngebiete und Gesundheitsversorgung. Die Weißen lebten meistens komfortabel, die Schwarzen verrichteten die schwere Arbeit und lebten in überfüllten *Townships*.

In kommunistischen Ländern forderten die Menschen, freie Gewerkschaften gründen und Regierungen ihrer Wahl bestimmen zu können. Frauen kämpften für gleichen Lohn und gleiche Arbeitsmöglichkeiten. Neue Gesetze verboten in einigen Ländern die Diskriminierung am Arbeitsplatz wegen Alter oder Geschlecht.

Nelson Mandela (geboren 1918) war von 1962 bis 1990 aus politischen Gründen im Gefängnis. Im April 1994 konnte er bei der ersten freien Wahl des Landes abstimmen. Mandelas Partei, der Afrikanische Nationalkongress (ANC) gewann, und Mandela wurde Präsident.

In den 1980er-Jahren erschütterten gewalttätige Aufstände die Townships der Schwarzen in Südafrika. Viele Menschen wurden getötet und Häuser angezündet, als der Protest gegen die Apartheid anwuchs.

1971	1980	1985	1986	1989	1993	1995
In der Schweiz erhalten Frauen das Wahlrecht.	Gründung der unabhängigen Gewerkschaft *Solidarność* in Polen (bis 1989 verboten).	Südafrika erlaubt die Heirat zwischen Schwarzen und Weißen.	Ausnahmezustand in Südafrika nach Unruhen in den *Townships*.	In Peking schlägt das Militär die Studentendemonstrationen für mehr Demokratie blutig nieder.	Nelson Mandela und Frederik W. de Klerk erhalten den Friedensnobelpreis für die gemeinsame Beendigung der Apartheid.	In Peking nehmen Frauen aus 185 Ländern an der 4. Weltfrauenkonferenz teil.

Der Vietnam-Krieg

VIETNAM bildete zusammen mit Kambodscha und Laos einen Teil der französischen Kolonie Indochina. Im Zweiten Weltkrieg besetzte Japan das Land. 1945 rief Ho Chi Minh, kommunistischer Führer der Vietminh, die Demokratische Republik Vietnam aus.

Ho Chi Minh (1892–1969) führte den Kampf Vietnams um die Unabhängigkeit von Frankreich an. Als Präsident Nordvietnams kämpfte er ab 1954 für ein vereintes, kommunistisches Vietnam (1976 erreicht).

NACH dem Zweiten Weltkrieg verweigerte Frankreich der Regierung Ho Chi Minhs die Anerkennung, und es kam erneut zum Krieg. Er endete 1954 mit einer Niederlage der Franzosen im Kampf um Dien Bien Phu. Die Genfer Indochinakonferenz teilte Vietnam provisorisch in den kommunistischen Norden und den nichtkommunistischen Süden.

Es kam zum Bürgerkrieg, in dem der Vietcong, die kommunistischen Guerillas im Süden, ab 1959 von Nordvietnam unterstützt wurde. Die USA fürchteten die Ausbreitung des Kommunismus und leisteten Südvietnam militärische Hilfe. Gegen die Guerillataktik des Vietcong flogen die Amerikaner Flächenbombardements in Nordvietnam, um Nachschublinien zu kappen. Im Süden wurden Dörfer und riesige Dschungelgebiete mit Entlaubungsmitteln besprüht, um dem Vietcong die Deckung zu nehmen. Viele Zivilisten wurden dabei getötet.

US-Soldaten mit Helikoptern landeten in Vietnam, um Überraschungsangriffe gegen die Guerillakämpfer des Vietcong zu führen.

Die Tet-Offensive des Vietcong 1968 überzeugte die Mehrheit der Amerikaner davon, dass der Krieg

1946	1954	1961	1964	1965	1966
Ausbruch des Kriegs zwischen der vietnamesischen Unabhängigkeitsbewegung Vietminh und den französischen Kolonialstreitkräften.	Die vietnamesischen Kommunisten besiegen die Franzosen bei Dien Bien Phu. Das Land wird in Nord- und Südvietnam aufgeteilt.	Südvietnam bittet die USA um Hilfe gegen die Guerillaaktionen des kommunistischen Vietcong.	Krieg zwischen Nordvietnam (unterstützt von der UdSSR) und Südvietnam (unterstützt von den USA).	Die USA entsenden Kampfeinheiten nach Südvietnam.	Australische Soldaten kommen zur Unterstützung der US-Verbände nach Vietnam. Erste Antikriegsdemonstrationen in den USA.

Vietcong und nordvietnamesische Soldaten führten einen Guerillakrieg. Sie gruben ein verzweigtes Tunnelsystem, in dem sich über 16 000 Kämpfer vor den US-Flugzeugen verstecken konnten.

Der Krieg wurde vor allem im Dschungel Südvietnams ausgetragen. Über den Ho-Chi-Minh-Pfad, der von China durch Laos nach Südvietnam führte, erhielt der Vietcong Nachschub.

nicht zu gewinnen war. 1969 begannen die USA, die Truppen zurückzuziehen, und 1973 kam es zu einem Waffenstillstandsabkommen. Die Kämpfe dauerten bis 1975 an, als nordvietnamesische Truppen den Süden einnahmen und Vietnam wieder vereinigten.

Die meisten Vietnamesen waren Bauern, die vor allem vom Reisanbau auf Feldern nahe bei ihren Dörfern lebten. Die Zerstörung ihrer Dörfer und Felder traf sie besonders hart.

ANTI-KRIEGSDEMONSTRATIONEN

Über den Vietnamkrieg wurde ausführlich im Fernsehen berichtet. Als immer mehr US-Soldaten getötet oder verletzt wurden, gingen die Amerikaner aus Protest gegen den Krieg auf die Straße. Ab 1967 weiteten sich die Proteste auch auf andere Länder aus. Die massive Antikriegsstimmung half mit, Präsident Richard Nixon zum Ausstieg aus dem Krieg zu bewegen.

1967 Friedensbemühungen scheitern, die Antikriegsproteste weiten sich auf andere Länder aus.

1968 Nordvietnam und der Vietcong starten die Tet-Offensive gegen den Süden.

1969 Die USA ziehen 25 000 ihrer insgesamt 540 000 Soldaten ab. Die Kämpfe und die Proteste gehen weiter.

1971 Ausdehnung der Kämpfe auf Laos.

1973 Waffenstillstandsabkommen; die US-Streitkräfte ziehen ab, die Vietnamesen kämpfen weiter.

1975 In Südvietnam übernehmen die Kommunisten die Regierungsgewalt.

1976 Vietnam wird unter einer kommunistischen Regierung vereinigt.

Chinas neue Macht

DIE KOMMUNISTEN unter Mao Zedong (1893–1976) betrieben in China die Modernisierung des Landes. Millionen Chinesen sollten mit Nahrung, Schulen, Krankenhäusern und Arbeit versorgt werden. Maos so genannte Kulturrevolution in den 1960er-Jahren durchkreuzte diese Pläne. Spätere Regierungen waren zwar weniger radikal, verweigerten dem Volk aber dennoch mehr Freiheit und Demokratie.

Das kleine rote Buch mit den „Worten des großen Vorsitzenden Mao Zedong" trug während der Kulturrevolution jeder Rotgardist bei sich.

DIE KOMMUNISTEN gewährten Frauen die gleichen Rechte wie Männern und verteilten Land an die Bauern. Straßen, Eisenbahnlinien, Fabriken und Kraftwerke wurden gebaut. Durch den so genannten großen Sprung nach vorn sollte jedes Dorf autark werden, seine Nahrungsmittel selbst anbauen, Kleider und Werkzeuge in kleinen Fabriken selbst produzieren. Diese Politik scheiterte, und nach Missernten und Massenhungersnöten trat Mao zurück.

Das Plakat des triumphierenden Mao erschien 1949, als er erstmals an die Macht kam. Der Bürgerkrieg hatte das Land finanziell ruiniert, und Maos erste Reformen halfen Chinas Wirtschaft wieder auf die Beine.

1966 kehrte Mao zurück und setzte die Kulturrevolution in Gang, um den revolutionären Elan in der Bevölkerung neu zu beleben und um das alte China endgültig abzuschütteln. Alle seine jugendlichen Anhänger trugen sein kleines rotes Buch, die so genannte Mao-Bibel, zur Inspiration

1949
Die Kommunistische Partei unter Führung Mao Zedongs übernimmt die Macht und verkündet die Volksrepublik China.

1953
Im Fünfjahresplan wird die Kollektivierung der Landwirtschaft propagiert.

1958–1960
„Der große Sprung nach vorn" wird revidiert, als diese Politik zu einer schweren Hungerkatastrophe führt.

1959
Mao Zedong tritt als Staatschef zurück, bleibt aber Vorsitzender der Kommunistischen Partei Chinas.

1966
Mao drängt zurück an die Macht und startet die „Große Proletarische Kulturrevolution". 1968 ist die Produktivität in den Fabriken um 12 Prozent niedriger als 1966.

1973
Die Rivalität um die Mao-Nachfolge zwischen den Mao-Unterstützern, der so genannten Viererbande, und Deng Xiaoping wächst.

Während der Kulturrevolution wurden Schulen und Universitäten geschlossen, Lehrer und Studenten wurden zur Arbeit auf dem Land gezwungen. Die Rotgardisten unterdrückten jede Opposition.

Deng Xiaoping (1904–1997) regierte China von 1977 bis 1980. Er betrieb die außenpolitische Öffnung und belebte Chinas Ökonomie durch die Einrichtung privatwirtschaftlich geführter Fabriken.

bei sich. Traditionelle Gebräuche und Ansichten wurden verboten, Ausländer und alte Menschen beleidigt, Professoren und Lehrer mussten ihre Stellen aufgeben und auf dem Feld arbeiten. Weil bald sowohl Ärzte als auch Manager fehlten, mussten Hospitäler und Fabriken schließen.

Mit Maos Tod endete 1976 auch seine Revolution. Sein Nachfolger Deng Xiaoping knüpfte Kontakte zur übrigen Welt und förderte Chinas Wirtschaft. Auch der nächste Staatschef Jiang Zemin setzte diese Politik fort. China begann aufzublühen, doch die Regierung zögerte, politische Freiheiten zu gewähren und ignorierte die allgemeinen Menschenrechte. So wurden die Studentenproteste von 1989 brutal niedergeschlagen.

Auf dem Tiananmen-Platz in Peking demonstrierten Studenten im Mai 1989 für mehr Demokratie. Die chinesische Regierung schickte Soldaten und Panzer, um den Platz gewaltsam zu räumen. Es gab zahlreiche Tote.

1974
China testet erstmals Nuklearwaffen.

1976
Mao stirbt. Zunächst tritt die Viererbande seine Nachfolge an und will die Kulturrevolution fortführen.

1977
Deng Xiaoping kommt an die Macht. Er besucht die USA.

1989
Studenten demonstrieren auf dem Tiananmen-Platz für mehr Demokratie.

1993
Jiang Zemin wird Staatspräsident (bis 2002) und modernisiert Chinas Wirtschaft.

Krisengebiet Naher Osten

DER NAHE OSTEN ist seit 1948 ein Unruheherd: Dem Israelisch-Arabischen Krieg folgten ein brüchiger Friede und drei weitere Kriege zwischen Israel und den arabischen Nachbarstaaten. Die Palästinenser blieben bis heute ohne eigenen Staat. Der Terrorismus entwickelte sich zu einer schrecklichen Waffe in diesem Konflikt, der mit zwei weiteren Problemen verknüpft ist: dem weltweit benötigten Erdöl aus dem Nahen Osten sowie dem wachsenden islamischen Fundamentalismus.

Ayatollah Khomeini (1900–1989) war das Oberhaupt der religiösen Revolution im Iran. Nach dem Sturz des Schah gelangte er 1979 an die Macht und bildete den Iran zu einem streng islamischen Staat um.

DIE BEVÖLKERUNG Israels wuchs, als in den 1950er-Jahren Juden aus Europa, Russland, den USA und arabischen Ländern einwanderten. Die in separate Gemeinden innerhalb Israels abgedrängten Palästinenser begannen, einen eigenen Staat zu fordern.

1956, 1967 und 1973 kam es zum Krieg. Der Sinai-Feldzug der Israelis begann nach kurzer Intervention Frankreichs und Großbritanniens in Ägypten (Konflikt um Suezkanal). Im Sechstagekrieg 1967 brachte Israel große Gebiete, darunter ganz Jerusalem, die West Bank und den Gazastreifen, unter seine Kontrolle. 1973 wehrte es im Jom-Kippur-Krieg den Angriff der Ägypter und Syrer ab.

Beirut, die Hauptstadt des Libanon, wurde 1976 durch Krieg verwüstet. Erst Mitte der 1990er-Jahre kehrte der Frieden in die historische Stadt zurück.

1956	1964	1967	1973	1976	1979	1980–1988
Ägypten verstaatlicht den Suezkanal.	Gründung der Palästinensischen Befreiungsorganisation (PLO).	Israel gewinnt den Sechstagekrieg gegen Ägypten, Jordanien und Syrien.	Jom-Kippur-Krieg: Israel kämpft gegen Ägypten und Syrien.	Ausbruch von Kämpfen im Libanon.	Friedensvertrag zwischen Ägypten und Israel. Im Iran wird der Schah gestürzt und die Islamische Republik Iran ausgerufen.	Krieg zwischen Iran und Irak (1. Golfkrieg).

Die USA haben versucht, im Nahen Osten zu vermitteln, aber viele Araber sehen Amerika als Verbündete Israels. 1993 unterstützte Präsident Bill Clinton (Mitte) das Abkommen zwischen dem israelischen Premierminister Itzhak Rabin (links) und Palästinenserchef Jasir Arafat über die Teilautonomie der Palästinensergebiete. Rabin wurde 1995 ermordet.

Israel wurde auch in den libanesischen Bürgerkrieg hineingezogen. In den 1990er-Jahren unterzeichnete Israel Friedensabkommen mit Ägypten, Jordanien und Syrien, den Palästinensern gestand man eine begrenzte Selbstverwaltung zu. Doch die Terroranschläge extremistischer Gruppen gegen neue jüdische Siedlungen, aber auch gegen die Existenz des israelischen Staates insgesamt, dauern weiter an.

Saddam Hussein (geboren 1938) regierte den ölreichen Irak von 1979 bis 2003. Der Diktator führte sein Volk in drei Kriege: 1980–1988 gegen den Iran sowie 1991 und 2003 gegen Truppen unter US-Führung.

1979 übernahm nach dem Sturz des Schah im Iran ein islamisches Regime die Macht. Der Krieg zwischen Iran und Irak 1980 bis 1988 blieb ohne Sieger. 1990 besetzte der Irak sein Nachbarland Kuwait. Alliierte Streitkräfte unter der Führung der USA besiegten den Irak und befreiten Kuwait. Der irakische Führer Saddam Hussein wurde 2003 in einem weiteren von US-Streitkräften geführten Golfkrieg gestürzt.

1982	1987	1990–1991	1993	1994	1995	2003
Israel marschiert im Libanon ein.	Kämpfe zwischen Palästinensern und israelischen Soldaten in der West Bank und im Gaza-Streifen.	Der Irak besetzt Kuwait, alliierte Truppen drängen die Iraker zurück (2. Golfkrieg).	Vertreter der Israelis und der Palästinenser verhandeln in den USA.	Israel und Jordanien unterzeichnen einen Friedensvertrag.	Israel unterzeichnet das Autonomieabkommen, das den Palästinensern mehr Selbstverwaltung zusichert.	Der 3. Golfkrieg im Irak führt zum Sturz Husseins. Erneute Friedenshoffnungen im Nahen Osten.

Das Ende des Kalten Kriegs

DER KALTE KRIEG war eine Zeit des gegenseitigen Misstrauens, der Spione und Aufrüstung. In den 1970er-Jahren entspannte sich die Lage allmählich. Die USA und die UdSSR entdeckten gemeinsame Interessen wie die Reduzierung der Rüstungskosten und schlossen Abkommen. Die Sowjetführer standen unter Druck, denn das kommunistische Imperium zeigte Risse.

Die Mauer, die Berlin seit 1961 geteilt hatte, wurde nach dem Zusammenbruch des SED-Regimes in der DDR abgerissen. So genannte Mauerspechte klopften sich selbst Mauerteile als Souvenirs heraus.

1972 UNTERZEICHNETEN die USA und die UdSSR das SALT-I-Abkommen zur Raketenabrüstung. Seit 1980 waren die Russen in Afghanistan in einen langwierigen und kostspieligen Krieg verwickelt. 1985 setzte Michail Gorbatschow (ab 1988 Staatsoberhaupt der UdSSR) seine Reformpolitik der Öffnung und Umgestaltung (*Glasnost* und *Perestroika*) in Gang. Er suchte den Ausgleich mit dem Westen. 1987 unterzeichneten US-Präsident Ronald Reagan, Großbritanniens Premierministerin Margret Thatcher und die UdSSR ein bedeutendes Abkommen zur Abschaffung

Nach dem Zusammenbruch der Sowjetunion wurden viele Symbole des Kommunismus' zerstört. Man stürzte die Standbilder ehemaliger Staatsoberhäupter (hier: Lenin) und schmolz sie ein. Ähnlich waren die Kommunisten mit Symbolen des Zarismus' nach 1917 umgegangen.

Das erste McDonald's-Restaurant in Moskau. Gorbatschow öffnete Russland für westliche Unternehmen. Schnell bildeten sich lange Schlangen vor den Fastfood-Läden.

1967
Die USA, Großbritannien und die Sowjetunion unterzeichnen (neben anderen) einen Vertrag über die friedliche Nutzung des Weltraums.

1969
US-Präsident Lyndon B. Johnson beginnt die *Strategic Arms Limitation Talks* (SALT).

1972
SALT-I führt zur Unterzeichnung des ABM-Vertrags durch R. Nixon (USA) und L. Breschnew (UdSSR).

1979
Nach Abschluss von SALT-II unterzeichnen J. Carter (USA) und L. Breschnew (UdSSR) ein weiteres Abkommen. Einmarsch sowjetischer Streitkräfte in Afghanistan. M. Thatcher wird britische Premierministerin.

EUROPÄISCHE UNION

Die Europäische Union (EU) wurde 1957 als Wirtschaftsgemeinschaft (EWG) von Frankreich, Belgien, Italien, Luxemburg, den Niederlanden und der Bundesrepublik Deutschland gegründet. Ein Hauptziel war der freie Handel zwischen den Mitgliedsländern. 2002 umfasste die EU fünfzehn Mitglieder, von denen zwölf auch die gemeinsame Euro-Währung einführten. 2004 kamen zehn weitere Länder hinzu, auch aus dem ehemals kommunistischen Osten, z. B. Polen und Ungarn.

Eine Massendemonstration 1989 in Prag. In ganz Osteuropa forderten die Menschen in diesem Jahr Demokratie und ein Ende der Repressionen.

der nuklearen Mittelstreckenraketen (INF-Vertrag).

Gorbatschows Reformen in der Sowjetunion weckten in anderen Ostblockländern den Wunsch nach freien Wahlen. Ende 1989 waren die kommunistischen Systeme in Polen, Ungarn, der DDR, der Tschechoslowakei und Rumänien zusammengebrochen. 1990 wurde Deutschland wieder vereinigt, in Bulgarien erstmals frei gewählt. In der Sowjetunion führte ein Putschversuch im August 1991 zum Sturz der Gorbatschow-Regierung. Danach war Boris Jelzin Präsident, bis ihm 1999 Wladimir Putin im Amt nachfolgte. Die Sowjetunion zerbrach in Einzelrepubliken. Der Kalte Krieg war damit beendet, die USA blieben fortan weltweit die einzige Großmacht.

Der langjährige Kommunist Michail Gorbatschow (links) und der ausgesprochene Antikommunist Ronald Reagan (rechts) verstanden sich. Zum ersten Mal seit 40 Jahren sah man ein echtes Lächeln zwischen US- und Sowjetführern.

1981
Ronald Reagan wird US-Präsident. Er erhöht die Militärausgaben.

1985
Michail Gorbatschow wird Generalsekretär der KPdSU und beginnt mit Reformen.

1989
Freie Wahlen in Polen; in Ungarn, der DDR, der Tschechoslowakei und Rumänien brechen die kommunistischen Regime zusammen. Die Berliner Mauer wird abgerissen.

1990
Wiedervereinigung Deutschlands; freie Wahlen in Bulgarien.

1991
Albanien erhält eine Mehrparteienregierung. Die UdSSR wird in 15 unabhängige Republiken aufgelöst.

Die Welt des 21. Jahrhunderts

MIT DEM Beginn des 21. Jahrhunderts blickte die Menschheit mit zahlreichen offenen Fragen in ein neues Jahrtausend. Werden die Computer den Menschen noch mehr Arbeit abnehmen? Durch die Genforschung verstehen Wissenschaftler die Funktionsweise des menschlichen Körpers viel besser. Können sie neue Pflanzen oder gar neue Tiere schaffen? Die Ereignisse des 11. September 2001 lassen die Welt zunehmend gefährlicher erscheinen. Doch es gibt auch Hoffnung auf eine friedliche, gerechtere Welt für alle.

Über das Internet und sein System von Computern, Telefon- und Satellitenverbindungen können die Menschen blitzschnell Informationen rund um den Globus austauschen.

DAS 20. JAHRHUNDERT erlebte zwei schreckliche Weltkriege und zahlreiche Bürgerkriege. Es ging mit den NATO-Bomben auf Jugoslawien zu Ende. Der jugoslawische Präsident Slobodan Milošević wurde wegen Kriegsverbrechen angeklagt – erstmals wurde ein Staatsoberhaupt in dieser Form vor Gericht gestellt. Regionale Konflikte entzündeten sich an ethnischen oder religiösen Auseinandersetzungen, oder dem Wunsch einzelner gesellschaftlicher Gruppen nach Autonomie.

Der Terrorismus ist eine ernste Gefahr. Die USA, die mächtigste Nation der Erde, wurden 2001 in New York City und Washington, D. C., von Mitgliedern der internationalen Terrorgruppe Al-Qaida angegriffen. Zusammen mit Verbündeten befreiten die Amerikaner Afghanistan von der Herrschaft der Taliban, die Al-Qaida unterstützten.

Moderne Kriege, wie 2001 in Afghanistan, kennen viele Waffen: Hightech-Waffen ebenso wie herkömmliche Gewehre und Raketen der Infanteristen.

1986 Erstes US-Patent für eine gentechnisch veränderte Pflanze (Gen-Mais).

1998 Waffenstillstandsabkommen in Nordirland; Einrichtung eines nordirischen Parlaments.

1999 Wladimir Putin wird russischer Staatspräsident.

1999 Krieg gegen Serbien.

1999 Die Hispano-Amerikaner bilden die größte Minderheit in den USA.

2000 Die US-Sonde *Global Surveyor* übermittelt Daten, die Wasservorkommen auf dem Mars vermuten lassen; wichtig für künftige Marsstationen.

2000 Die US-Präsidentschaftswahlen enden mit einem Streit über die Stimmauszählung. George W. Bush wird zum Sieger erklärt.

Die Vereinten Nationen setzen stattdessen auf Debatten und Abkommen. Sie schickten Waffeninspekteure in den Irak, um nach so genannten Massenvernichtungswaffen (nukleare, chemische und biologische) zu suchen. Ihre Mitglieder stritten, ob ein Krieg gegen den Irak oder einen „Schurkenstaat" gerechtfertigt sei.

Auch im 21. Jahrhundert bleibt der Nahe Osten ein Krisenherd. Manchmal können politische Streitfragen in einem Treffen von weitsichtigen und kompromissbereiten Politikern beigelegt werden. Andere Probleme erfordern jedoch die Anstrengung vieler Menschen: der Abbau der Unterschiede zwischen armen und reichen Nationen, der Kampf gegen Ignoranz und Seuchen sowie gegen illegale Drogen und der Schutz der natürlichen Ressourcen unserer Erde.

GEHEIMNIS DER GENE
Die Erforschung des DNA-Moleküls eröffnete die Möglichkeiten der Gentechnik: die Veränderung von Lebewesen durch Beeinflussung ihrer Erbsubstanz.

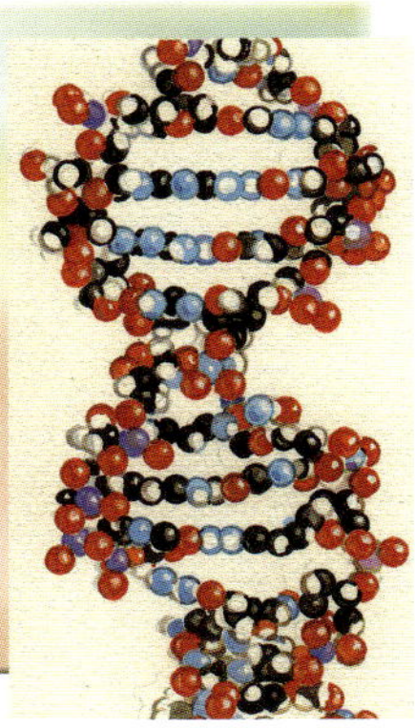

Die Erde ist reich genug, um eine Weltbevölkerung von aktuell über sechs Milliarden Menschen zu ernähren. Doch nie im Verlauf der menschlichen Geschichte erschien sie so bedrängt. Selbst wenn wir zum Mars reisen sollten: Einen der Erde vergleichbaren Planeten zum Aussiedeln gibt es nicht in unserer Nähe. Der *Homo sapiens* muss also in der Welt, die unsere Vorfahren einst entdeckt haben, leben und sie bewahren.

Wir müssen ein Gleichgewicht zwischen Entwicklung (etwa durch rücksichtslose Rodung von Regenwäldern) und Umweltschutz finden, damit alle etwas von den natürlichen Ressourcen der Erde haben.

Die Türme des World Trade Center in New York stürzten 2001 nach einem Terrorangriff ein.

2000
Wissenschaftler haben das menschliche Genom fast vollständig entschlüsselt.

11. September 2001
Terroristen stürzen sich in den USA mit Linienmaschinen in das World Trade Center und das Pentagon. Über 3000 Menschen werden dabei getötet.

2001
Von den USA geführte Streitkräfte besetzen Afghanistan und stürzen das Taliban-Regime.

2002
In der EU werden Münzen und Banknoten der neuen Euro-Währung ausgegeben. Großbritannien, Schweden und Dänemark behalten ihre Währungen.

2002
Die Afrikanische Union gibt sich ein eigenes Parlament.

2002
Ehemalige Warschauer-Pakt-Staaten dürfen der NATO beitreten.

13. Dezember 2003
Acht Monate nach dem Sturz des Terrorregimes im Irak finden amerikanische Soldaten Saddam Hussein in einem Erdloch.

Register

Personenregister

Sach- und Ortsregister

Danksagung

Der Verlag dankt folgenden Institutionen für die Verwendung der Fotografien in diesem Buch:

Seite 7 (OL) Bridgeman Art Library; 17 (MR) AFF/AFS Amsterdam, the Netherlands, (UR) Mary Evans Picture Library; 11 (UR) The Stock Market; 15 (UL) The Stock Market; 16 (ML) Dover Publication; 19 (ML) AKG London; 20 (UL) AKG London; 27 (OL) Dover Publications; 28–29 (MO) AKG London; 29 (M) MacQuitty International Collection; 30 (UL) ET Archive 31 (UR) Skyscan Photo Library; 32 (UL) AKG London; 34–35 (MU) Dover Publications; 36 (UL) Robert Harding Picture Library; 40 (OR) ET Archive; 43 (U) ET Archive; 44–45 (M) Rex Features; 47 (MR) AKG London; 48–49 (M) ET Archive; 49 (UR) AKG London; 55 (MO) AKG London; 62–63 (M) Mary Evans Picture Libary; 63 (MU) ET Archive; 67 (UL) AKG London; 70–71 (MU) AKG London; 71 (MU) AKG London; 73 (MR) Robert Harding Picture Library; 74 (ML) AKG London; 74–75 (UM) ET Archive; 78 (UL) AKG London; 79 (OR) AKG London; 86 (M) ET Archive; 87 (UR) ET Archive; 90–91 (MU) AKG London; 91 (MR) AKG London; 96–97 (M) ET Archive; 98 (U) AKG London; 99 (U) AKG London; 102 (OR) ILN; 103 (M) ILN; 105 (M) ILN; 105 (M) ILN; 106 (OL) ILN; 108 (UL) ILN; 109 (OR) ILN; 112–113 (M) ILN; 113 (ML) ILN; 112–113 (U) ILN; 113 (M) ILN; 114–115 (M) ILN; 115 (MR) ILN; 116–117 (M) Corbis; 119 (M) ILN; 120 (UL) ET Archive, (OR) ILN; 123 (OM), (MR) ILN; 124 (OR) ILN; 126–127 (M) Rex Features; 127 (UM) ILN, (UR) Rex Features; 129 (MR) Rex Features, (ML) Panos Pictures; 131 (ML), (MR) Rex Features; 132 (UL) ET Archive; 132–133 (UM) Panos Pictures; 134–135 (MU) Panos Pictures; 135 (OL) Rex Features; 137 (M), (UR) Rex Features, (UL) Panos Pictures.

Alle anderen Fotografien stammen aus den Miles Kelly Archives.